D0504647
FROM STOCK

704.943 HOL

ARNOLDSCHE

3
Kulturgeschichte/ Cultural History

4
Literatur und Blumen/ Literature and Flowers

Vorwort

Blüten gehören zu den frühesten Motiven der Kunst. Symbolik und religiöse Bedeutung haben ihre Darstellungsweise maßgeblich bestimmt. Aus kunsthistorischer Sicht sind Blumen ein stets wiederkehrendes Thema. Pflanzen und Blüten als Gegenstand künstlerischer Reflexion wurden immer auch kontrovers diskutiert, dies gilt vor allem für die Kunst des 20. und 21. Jahrhunderts. Gegenwärtig ist die Auseinandersetzung mit diesem alten Sujet wieder ein zentrales Thema in der bildenden Kunst – von der Malerei über Skulptur, Medienkunst und Fotografie bis zur zeitgenössischen Schmuckkunst. Mit diesem Buch, das zur Ausstellung im Schmuckmuseum Pforzheim erscheint, wollen wir das Thema von unterschiedlichen Seiten beleuchten: Literatur, kunsthistorische und kulturgeschichtliche Ansätze begleiten die Werke aus Schmuck und zeitgenössischer Kunst. Die Positionen und die Objekte könnten unterschiedlicher nicht sein – und die Epochen, aus denen sie stammen, ebenso wenig. Das Spektrum reicht vom antiken Blütenkranz bis zur raumgreifenden zeitgenössischen Plastik, vom winzigen Emailmedaillon aus dem 18. Jahrhundert mit naturgetreu gemalten Blüten bis zur großflächigen Zeichnung aus dem Jahr 2007. Nicht die Dimension oder das Medium machen die Verschiedenartigkeit aus, sondern die oft grundsätzlich unterschiedliche Auffassung von Natur und all ihren Bedeutungsebenen. Aufgabe von Buch und Ausstellung ist es, einige der vielfältigen Positionen und Ausdrucksformen zu zeigen. Der Unterschied – oder die Verwandtschaft – ist dabei nicht zwischen Schmuck und zeitgenössischer Kunst zu suchen. Dies wäre meist nur eine Frage der Größe, von Metern und Zentimetern. Vielmehr liegen sie in der enormen Bedeutungsdichte, die dem Thema Natur-Blüte innewohnt, und deren Interpretationen. Reizvoll zu sehen ist auch, welche Verbindungen zu schaffen sind zwischen historischem Schmuck, zeitgenössischer Schmuckkunst und aktueller Kunst.

Ein Buch- und Ausstellungsprojekt, das so weit gefasst und umfangreich angelegt ist, bedarf der Unterstützung vieler. Besonderer Dank gilt daher den Kuratoren Elisabeth Heine und Tilmann Schempp, denen auch die Idee zum Projekt zu verdanken ist, den Professoren Isabel Zuber und Andi Gut von der Hochschule Pforzheim für das »Experiment Schrebergarten« sowie dem Lektor Winfried Stürzl und den Grafikern Ina Bauer und Sascha Lobe. Dank gilt den Sponsoren und den vielen Künstlern und Leihgebern, die durch ihr Vertrauen Ausstellung und Buch erst möglich machten. Nicht zuletzt gilt der Dank den Mitarbeitern und Mitarbeiterinnen des Schmuckmuseums für ihren unermüdlichen Einsatz.

Cornelie Holzach
Schmuckmuseum Pforzheim

Foreword

Flowers are among the earliest motifs in art. Symbolism and religious content have exerted a paramount influence on the way they have been represented. Viewed from the art historical standpoint, flowers are a recurrent theme. Plants and blossoms as the subject of artistic reflection have always been a matter for controversial discourse and this is particularly true of 20th and 21st-century art. At present, a preoccupation with this ancient theme is once again a pivotal concern in the fine arts – from painting through sculpture, media art and photography to contemporary art jewellery. With this book, which is published to accompany the exhibition at the Pforzheim Jewellery Museum, we hope to shed light on the subject from a variety of angles: literature, art history and cultural history are the avenues of approach taken to elucidate the pieces of jewellery and works of contemporary art shown. Aesthetic stances and the objects themselves could not be more diverse – and the eras from which they come are just as varied. The gamut runs from the flower wreath of antiquity to contemporary sculpture that intervenes in space, from minute 18th-century enamel medallions with naturalistically painted flowers to large-scale drawing done in 2007. What makes for all this diversity is neither size nor medium but rather the conceptions of nature and all their levels of meaning that often differ so fundamentally. The task of both this book and the exhibition is to show some of these many positions and modes of expression. The differences – or similarities – should not be sought in a distinction between jewellery and contemporary art. That would merely boil down to a question of size, metres vs centimetres. On the contrary, the differences lie in the extreme semantic density inherent in the subject of nature and blossom and the manifold interpretations elicited by this polysemic fabric. It is also fascinating to observe what links can be forged between antique jewellery, modern art jewellery and contemporary art.

A book and exhibition project so vast and comprehensive in scope needs the support of many contributors. Particular thanks, therefore, to curators Elisabeth Heine and Tilmann Schempp, to whom we are also indebted for the idea. We are grateful indeed to Professors Isabel Zuber and Andi Gut of Hochschule Pforzheim for ›Experiment Allotment‹, to Winfried Stürzl, who has edited the book, as well as Ina Bauer and Sascha Lobe, who have designed it. Our thanks also to the sponsors and the many artists and donors who have honoured us with their trust by lending the exhibits that have made the exhibition and the book possible. Not least, we wish to thank the Jewellery Museum staff for their unwavering commitment to the whole project.

Cornelie Holzach
Schmuckmuseum Pforzheim

Blüten im Schmuck

Flowers in Jewellery

English summary -> P. 15

Blütenmotive im Schmuck

Cornelie Holzach

Die Blüte im Haar der Schönen – im Revers des Dandys

Es ist mit einiger Wahrscheinlichkeit anzunehmen, dass das Sich-Schmücken mit Blüten zu den frühesten Formen der Menschen gehört, ihr Äußeres zu verändern. Sei es mit mythologischem oder religiösem Hintergrund, sei es einfach der Schönheit wegen. Es ist also eine sehr lange Geschichte, die zu beschrieben hier nur beispielhaft angegangen werden kann. Wir werden von der Antike in einem mutigen Sprung in das 17. Jahrhundert wechseln und von dort aus über das 19. und beginnende 20. Jahrhundert in der Gegenwart ankommen. Es gab im Schmuck immer wieder »blütenarme« Zeiten, diesen stehen besonders »blütenreiche« gegenüber; als ein eindrückliches Beispiel sei der Jugendstil genannt, der als zentrales Motiv Blumen und Pflanzen aufweist. In der Vielfalt der zeitgenössischen Schmuckkunst tauchen Blüten in ganz unterschiedlicher Form auf, die Beispiele reichen vom konzeptuellen Ansatz bis zum Kitsch. Tatsächlich hat keine der früheren Epochen das Blütenmotiv so weit gefasst und ist zu so verschiedenartigen Ergebnissen gekommen wie die moderne Schmuckkunst. Ganz gleich in welcher Häufigkeit sie auftritt, die Blüte gehört zum Schmuck, in welcher Art auch immer – ob sie nun eine Frau in der Antike zierte oder einem Herrn im 19. Jahrhundert Eleganz verlieh.

Antike – Blütenpracht und Totenkult

In der Antike, belegt mit Beispielen aus dem 4. und 3. Jahrhundert v. Chr., wird üppig mit Kränzen aus Zweigen und Blüten geschmückt. Als Totengaben sind sie wichtig, gewährleisten sie doch mit allen anderen Gaben wie Wein und wohlriechenden Salben einen festlichen Aufenthalt im Jenseits. Sind es in einfacheren Gräbern echte Zweige und Blumen, die zur Konservierung mit Bronze oder Kupferblech umwickelt sind, werden die Gräber reicher Bürger mit Schmuck und Kränzen aus purem Gold ausgestattet. Aus hauchdünner Goldfolie werden üppige Kränze gefertigt, die zuweilen geradezu naturalistisch Lorbeerzweige und Blüten nachahmen. Am Beispiel des Pforzheimer Kranzes [Nr. 1] ist dies gut zu beobachten: Zwischen dem Gewirr lanzettförmiger Blätter finden sich viele kleine Blüten, die zentrisch aufgebaut sind und aus fünf Blütenblättern und einem Bündel an Staubgefäßen bestehen.

Entwickelt haben sich diese Blüten allerdings aus der Rosettenform. Nur in deren Verkleinerung wirken sie, als wären sie echten Blüten nachgeahmt. Der Verweis auf die Rosette, die schon früh zu den immer wieder vorkommenden Schmuckelementen gehört, bringt uns deren Bedeutung näher. Es handelt sich fast nie um das stilisierte Bild einer Blüte, sondern es wird als Zeichen für die Sonne gelesen. Dass damit auch eine Verbindung zu Blüten zu schaffen ist, liegt nahe. Blumen als Symbol für Wachstum und Lebenskraft versinnbildlichen in irdischer Form die Allgegenwart der Sonne.

Blütenmotive waren aber – gelöst von dieser Bedeutung – ein immer wieder auftretendes modisches Element in den Schmuckformen der Antike, wie der zierliche Halsschmuck [Nr. 2] und die blütenübersäte etruskische Fibel [Nr. 3] belegen. Denn im Gegensatz zu den sonstigen Gepflogenheiten der griechischen Goldschmiede, mit fest vorgegebenen Einheiten zu arbeiten, werden diese Rosettenblüten auf sehr verschiedene Art wiedergegeben. Dies legt den Schluss nahe, dass sich Geschmack und Vorlieben vor allem in den Blütenelementen ausdrücken.

Barock – Schönheit und Opulenz

16. und 17. Jahrhundert waren für Europa eine Zeit großer politischer Veränderungen und vor allem auch eine Zeit, in der sich die Sicht auf die Welt und deren Naturphänomene grundlegend änderte. Es sind die Jahrhunderte der Naturwissenschaft und großer Entdeckungen. Dies findet auch seinen Niederschlag in der Schmuckgestaltung: Der Import von Diamanten und anderen Edelsteinen aus Indien nimmt erheblich zu, und die neu erlangte Fähigkeit, Diamanten zu schneiden und zu schleifen, verändert den Schmuck der Zeit erheblich. Zu sehen bei den hier gezeigten Bespielen ist die ganz neue

Fertigkeit, mit Emailfarben auf Goldgrund zu malen. Jean Toutin hat in Frankreich Anfang des 17. Jahrhunderts diese Emailtechnik entwickelt, und sie erfreute sich schnell über die Grenzen Frankreichs hinaus größter Beliebtheit. Emailmalerei ist ein hervorstechendes Merkmal des barocken Schmucks, dargestellt werden neben religiösen und Genre-Szenen oder Miniaturporträts vor allem Blumen. Diese neue Fähigkeit lässt sich an den beiden Broschen [Nr. 6 und Nr. 8] dokumentieren: Ist der Blütenstrauß [Nr. 6] noch flächig emailliert und mit Punkten verziert, zeigt der spanische Brustschmuck [Nr. 8] schon eine malerische Komponente. In diesem Jahrhundert geriet das Studium der Botanik, einhergehend mit dem Import seltener Pflanzen aus aller Welt, zu einer wahren Euphorie in den betuchten Kreisen. Als Stichwort sei hier die »Tulpomanie« genannt, die in der ersten Hälfte des Jahrhunderts ganz Europa ergriff und 1634 zum ersten Börsencrash führte. Das kleine Medaillon [Nr. 5] aus der Sammlung des MAK, dem Österreichischen Museum für angewandte Kunst in Wien, belegt die Liebe zur Genauigkeit und zum Detail; auf einer Fläche von nicht einmal vier mal drei Zentimetern werden 26 [!] verschiedene Blüten dargestellt, sie bilden eine Art Blumenteppich, ohne dass eine der Blüten verdeckt wird. Goldschmiedearbeiten mit dieser flächenfüllenden Blütenvielfalt waren einige Jahrzehnte äußerst beliebt. Nicht nur Schmuckstücke, sondern auch Uhrgehäuse, Scherengriffe oder die Rückseiten von Taschenspiegeln wurden damit dekoriert.

Der Schmuck des Barock wurde immer üppiger und ausgestalteter, er bot zudem auch einige Raffinessen. Die Blüten des Brustschmucks [Nr. 8] sind auf Spiralfedern montiert, in der Mitte der Blüte ist ein Diamant gefasst: Bei der leisesten Bewegung der Trägerin zittern die Blüten, und die Diamanten sprühen Funken, ein äußerst effektvolles Schmuckstück also. Zudem waren viele der barocken Schmuckstücke mehrteilig und konnten miteinander verbunden werden, um so je nach Anlass die passende Schmuckausstattung zu haben. Im 19. Jahrhundert werden uns diese Besonderheiten wieder begegnen.

19. Jahrhundert – Botanismus und Abbild der Natur

Der Schmuck des 19. Jahrhunderts ist von einer reichen Stilvielfalt geprägt. Als Oberbegriff dient »Historismus«, obwohl sich nicht alle Stilrichtungen darunter zusammenfassen lassen. Wie eben der für das Blumenmotiv relevante Naturalismus. Motive wie Blumen, Weintrauben und -blätter oder Tauben waren sehr populär. Mit der möglichst lebensechten Darstellung ging oft auch eine – vor allem sentimentale – Bedeutung einher, die beliebten Vergissmeinnicht standen für echte Liebe, Maiglöckchen symbolisierten die Rückkehr des Glücks. Neben der *sentimental jewellery* traten ab der zweiten Hälfte des Jahrhundert enorm ausladende, meist mit Diamanten (oder Strass) besetzte Schmuckstücke auf, die Blütenzweige darstellten. Naturalistisch in der Form, erlangten sie eine Überhöhung durch den überreichen Steinbesatz. Die Windenranke (Nr. 9) von Alphonse Fouquet, Paris (Sammlung Museum für angewandte Kunst, Frankfurt am Main) weist dazu noch eine Besonderheit auf: Die Ranke besteht aus einer langen Spiralfeder, so konnte das Schmuckstück in unterschiedlicher Art am Kleid befestigt werden; außerdem wurden noch anschraubbare Haarstecker mitgeliefert, um den Blütenzweig auch im Haar platzieren zu können. Geradezu spektakulär ist der Halsschmuck von Boucheron (Nr. 12) (Sammlung Faerber, Genf): Ein einzelner Rosenzweig legt sich in gekonntem Schwung um den Hals der Trägerin. Die herausragende Juweliersarbeit lässt die schwere Blüte gleichsam am Stängel schweben. Stücke dieser Art sind gewiss Ausnahmeerscheinungen im Schmuck Ende des 19. Jahrhunderts, doch die naturgetreue Nachbildung von Blüten und Pflanzen war auch für weniger aufwändige Schmuckstücke populär, wie die Schmuckentwürfe für die Pforzheimer Schmuckindustrie von Emil Riester belegen. Mit »Botanismus« wurde ein eigener Begriff für diese Stilrichtung eingeführt.

Die intensive Beschäftigung der Entwerfer mit der Natur zeigt auch die Fliederbrosche (Nr. 13), die dem Hause Vever zugeschrieben wird (Sammlung Museum für Kunst und Gewerbe, Hamburg). Es wurde transparentes und opakes Email verwendet, die Blüten sind teilweise nur leicht geöffnet und verstärken so den Eindruck eines frisch erblühten Fliederzweiges. »Mit der Rückbesinnung auf die wachsende, blühende Natur und die Differenzierung von Farbigkeit schufen die Pariser Goldschmiede … entscheidende Voraussetzungen für die künstlerische Herausbildung des Jugendstils…«[1]

Jugendstil und Art Déco – Überhöhung und Reduzierung

Pflanzen und vor allem Blüten sind ein zentrales Motiv des Jugendstils. Keine Epoche der Schmuckkunst hat in diesem Umfang und in solcher Fülle Blüten als charakteristisches Gestaltungselement eingesetzt. Wesentlich sind dabei die genaue Naturbeobachtung und die symbolische Bedeutung, die die physische Präsenz durchdringt. Mit dem Haarstecker »Orchidee« (Nr. 16) (Sammlung C. Gulbenkian Museum, Lissabon) schuf René Lalique ein faszinierendes Kunstwerk aus Horn, Elfenbein und einem einzigen Edelstein; der Natur scheinbar nachgebildet, ist es doch ein Werk hochgradiger Stilisierung. Formal ganz anders gelöst ist Laliques Anhänger »Stiefmütterchen« (Nr. 17) aus dem Bayerischen Nationalmuseum. Die welkenden, leicht eingerollten Ränder der Blüte sind mit Diamanten besetzt, der Anhänger ist flach gearbeitet und stark stilisiert. Stiefmütterchen sind nicht nur bei Lalique, sondern im Art Nouveau überhaupt ein beliebtes Motiv. Seine französische Bezeichnung *pensée* verleiht dieser Blume die sinnbildhafte Bedeutung des Gedenkens und der Erinnerung. Mehr noch als die Nachbildung realer Blüten zeigt die Brosche »Schlangenblüte« (Nr. 18) (Hessisches Landesmuseum, Darmstadt) den Grad der Stilisierung im Jugendstil. Die Blütenblätter werden von abgeflachten, gerundeten Schlangeleibern gebildet, die fünf aufgerichteten Köpfe der Schlangen stellen die Staubgefäße dar. In diesem Schmuckstück werden zwei, besonders für den französischen Jugendstil typische Motive zusammengeführt: Blume und Schlange. Der neue, das 20. Jahrhundert einleitende Kunststil zeichnet sich im symbolhaft aufgeladenen Art Nouveau Frankreichs durch die Neigung zur stilistischen Überhöhung aus. Ganz andere Lösungen findet der Wiener Sezessionsstil mit seiner Abneigung gegen jeglichen Symbolismus. Seine wichtigsten Protagonisten Hoffmann, Wagner und Moser entwickeln flächige, stark abstrahierende oder fast geometrisch konstruierte Ornamente. Blüten werden zum Teil nur noch mit mugelig geschliffenen Edelsteinen angedeutet oder gehen rapportartig in einem Muster auf.

Im Art Déco treten Blütenmotive sehr viel seltener in Erscheinung, und wenn sie vorkommen, werden sie meist als flächenfüllendes Dekor mit hohem Abstraktionsgrad verwendet. Nicht die spektakuläre Einzelblüte steht im Vordergrund, sondern die lineare Form, in die Blumenmuster eingewoben sind. Die Farben sind kräftig und kontrastreich gegeneinander gesetzt. Der Einfluss, den die Wiener Sezession auf diesen Stil der 1920er und 1930er Jahre ausübte, ist unverkennbar.

Zeitgenössische Schmuckkunst

Schmuck der Gegenwart ist, anders als in der Vergangenheit, nicht von wenigen eindeutigen Stilmerkmalen bestimmt, vielmehr zeigt sich eine ganze Palette unterschiedlichster Umsetzungen des Themas. Wenn ein Künstler wie Gijs Bakker die Fotografie einer Rosenblüte stark vergrößert und einer Frau um den Hals legt (Nr. 29), ist das ironische Spiel mit der

Bedeutung unverkennbar. Hintersinnig in ganz anderer Form, auch wenn ebenfalls bekannte »Blumenbilder« aufgegriffen werden, ist die Brosche [Nr. 34] von Ute Eitzenhöfer gestaltet. Fundstücke aus billigem Modeschmuck werden mit Edelsteinen zu einem Konglomerat verdichtet. Die Zweischneidigkeit von bunt-kitschiger Oberflächlichkeit und Verfall nimmt Wolfgang Lieglein in seinem Halsschmuck auf [Nr. 38]: schwarze Schmeißfliegen sitzen hier auf sorgfältig gearbeiteten Blüten. Nanna Melland gibt schon mit der Materialwahl Blei einen eindeutigen Hinweis auf ihre Art der Blütenadaption, ihre »fleur du mal« [Nr. 39] hat kaum mehr etwas Lebendiges, sondern ist in schwermütiger Pose erstarrt. Das Sentiment, wie es im 19. Jahrhundert mit Blumen verbunden war, folgt uns auch heute auf ganz unprätentiöse Weise, wenn Winfried Krüger die unscheinbare Wegerichblüte abformt für eine Brosche [Nr. 36], die seiner Mutter gewidmet ist. Bettina Speckners Blüten [Nr. 45 und Nr. 46] sind Teil eines feinsinnigen Zusammenspiels von Form und Bedeutung. In Verbindung mit Fotografien verweisen sie auf Erinnerung und das Ideale in der Natur. Iris Bodemer kombiniert die Blüte mit Zeichnungen [Nr. 38] und beschreibt mehr die Idee einer Blume, als dass sie tatsächlich abgebildet wird. Der Grad der Abstraktion bis zum völligen Verschwinden der Blüte selbst nimmt zu bei den Werken von Anna Heindl [Nr. 35], Birgit Laken [Nr. 37] oder Annelies Planteijdt [Nr. 44], um nur drei zu nennen. Vielleicht lassen sich zwei Tendenzen im Blütenschmuck der Gegenwart erkennen, zum eine die Freude an Üppigkeit, Vielfalt, ja Kitsch – auch durch die Verweise an die Vergangenheit, zum anderen die hochgradige Abstraktion, die voraussetzt, dass die Konnotationen bekannt sind und gelesen werden können.

Das Blütenmotiv ist durchgängig in der Geschichte des Schmucks und wandelbar wie kaum ein anderes. Vielleicht liegt hier die Faszination, die dem Thema noch heute innewohnt: Wandelbarkeit und die Möglichkeit, vielfältige Bedeutungsebenen zu vermitteln. Nicht zuletzt ist es aber auch die Anziehungskraft – wie auch immer interpretiert –, die das Wunderbare einer Blüte ausübt.

1 Rüdiger Joppien, in: *Pariser Schmuck*, München 1989, S. 198

Gartenwicke,
auch: Duftwicke
Lathyrus odoratus

English summary

P. 8–14: Blütenmotive im Schmuck

Floral Motifs in Jewellery

Cornelie Holzach

It is safe to assume that adorning the body with flowers was one of the very earliest ways of altering one's appearance. The history of bodily adornment is a very long one and can only be sketched briefly with reference to a few examples. Let us, therefore, take a bold leap from Greco-Roman antiquity to the 17th century and from there through the 19th and early 20th centuries to arrive at the present.

Antiquity – Floral magnificence and funerary cult – In Greco-Roman antiquity, adornment in the form of wreaths made of twigs and flowers was lavish. Blossoms developed from the rosette form. The rosette is interpreted as a sign for the sun.

Baroque – Beauty and opulence – The 16th and 17th centuries were for Europe the centuries of natural science and great discoveries. This is reflected in jewellery design. Enamel painting is a salient feature of Baroque jewellery. Flower motifs were occasionally mounted *en tremblant* on springs with a diamond set at the centre of the flower. At the wearer's slightest movement, the flowers quivered, making the diamonds shoot sparks of light.

19th century – The Botany mania and reproducing nature – Jewellery from the 19th century is notable for rich stylistic diversity. The generic term ›Historicism‹ is serviceable yet does not subsume all styles, such as naturalism, which is so relevant to the flower theme. Motifs such as flowers, grapes and vine leaves and even doves were highly appreciated. Sentimental content often accompanied representations that were as lifelike as possible.

Jugendstil/Art Nouveau and Art Déco – Heightening and reduction – Flora and especially blooms are a central Jugendstil/Art Nouveau motif. No other era in the history of jewellery used flowers as a characteristic design element to such an extent and on such a scale. Essential here are precise observation of nature and the symbolic significance informing the physical phenomenon.

Contemporary art jewellery – Unlike earlier jewellery, contemporary jewellery is not determined by a few unequivocal stylistic features but rather draws on the full gamut of possible interpretations of the theme.

The floral motif runs through the history of jewellery yet has undergone more changes than almost any other. The fascination inherent in the theme even today possibly lies in its virtually limitless potential for conveying mutability and manifold planes of meaning. Not least, however, it is also the power of attraction exerted by the marvel that is a flower.

1

Totenkranz / *Funeral wreath*
Griechisch, 4. Jh. v. Chr. /
Greek, 4th century BC
Gold / *Gold*
H ca. 30 cm
Schmuckmuseum Pforzheim

Abkürzungen / *Abbreviations*
H Höhe / *Height*
B Breite / *Width*
Dm Durchmesser / *Diametre*

Kunstwerke ohne Besitzernachweis wurden
von den Künstlern zur Verfügung gestellt.

Works of art without the owners's names were
placed at the artists' disposal.

2

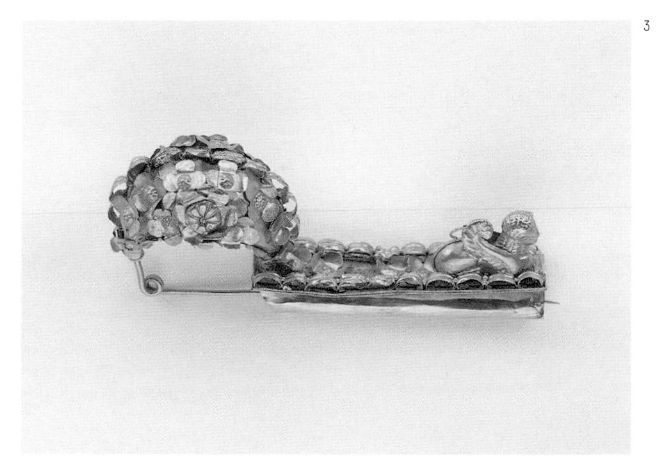

3

2

Halsschmuck / ***Necklace***

Griechisch, 4. Jh. v. Chr. /

Greek, 4th century BC

Gold / *Gold*

L 20 cm

Schmuckmuseum Pforzheim

3

Fibel / ***Fibula***

Etruskisch, 2. Hälfte 6. Jh. v. Chr. /

Etruscan, 2nd half 6th century BC

Gold / *Gold*

B 6,7 cm

Schmuckmuseum Pforzheim

4

Ohrschmuck / ***Earrings***

Griechisch, 4. Jh. v. Chr. /

Greek, 4th Century BC

Gold / *Gold*

L 5,3 cm

Schmuckmuseum Pforzheim

4

5

Medaillon-Anhänger / *Medallion pendant*
Augsburg, 2. Hälfte 17. Jh. /
2nd half 17th century
Email, Gold / *Enamel, gold*
H 4,3 cm
MAK – Österreichisches Museum für angewandte Kunst / Gegenwartskunst, Wien

6

Blütenstrauß (Agraffe) / *Agraffe*
Deutsch / *German*, 1620–1630
Gold, Smaragd, Diamanten, Email /
Gold, emerald, diamonds, enamel
H 8,5 cm
Schmuckmuseum Pforzheim

7

Ohrschmuck / *Earrings*
Italienisch od. spanisch, 18. Jh. /
Italian or Spanish, 18th century
Gold, Perlen, Email /
Gold, pearls, enamel
H 4,4 cm
Schmuckmuseum Pforzheim

8

Brustschmuck / *Corsage ornament*
Spanisch / *Spanish*, ca. 1700
Gold, Diamanten, Email /
Gold, diamonds, enamel
B 10,8 cm
Schmuckmuseum Pforzheim

5

6

7

8

9

9
Brustschmuck / *Corsage ornament*
Alphonse Fouquet, Paris 1889
Silber, vergoldet, Simili-Diamanten [Strass] in Brillantschliff / *Silver-gilt, simulated brilliant-cut diamonds [strass]*
Museum für Angewandte Kunst, Frankfurt am Main

10
8 Broschen / *8 brooches*
19. Jh. / *19th century*
Gold, Diamanten / *Gold, diamonds*
H 3–8 cm
J. Zeberg Collection, Antwerpen

11
Brosche / *Brooch*
Englisch / *English*, ca. 1860
Gold, Diamanten / *Gold, diamonds*
H 11,7 cm
Schmuckmuseum Pforzheim

10

11

12

12
Halsschmuck / *Necklace*
Boucheron, Paris, ca. 1890
Diamanten, Gold, Silber /
Diamonds, gold, silver
H 25 cm
Faerber Collection, Genève

13
Brosche / *Brooch*
Vever, Paris, zugeschrieben / *attributed to,* 1875 – 1985
Gold, Diamanten, Email /
Gold, diamonds, enamel
B 6,8 cm
Museum für Kunst und Gewerbe, Hamburg

14

14, 15
2 Entwurfsblätter/
2 designs
Emil Riester, Pforzheim, ca. 1880
Stadtarchiv Pforzheim

1
2
3
4
5
6

16

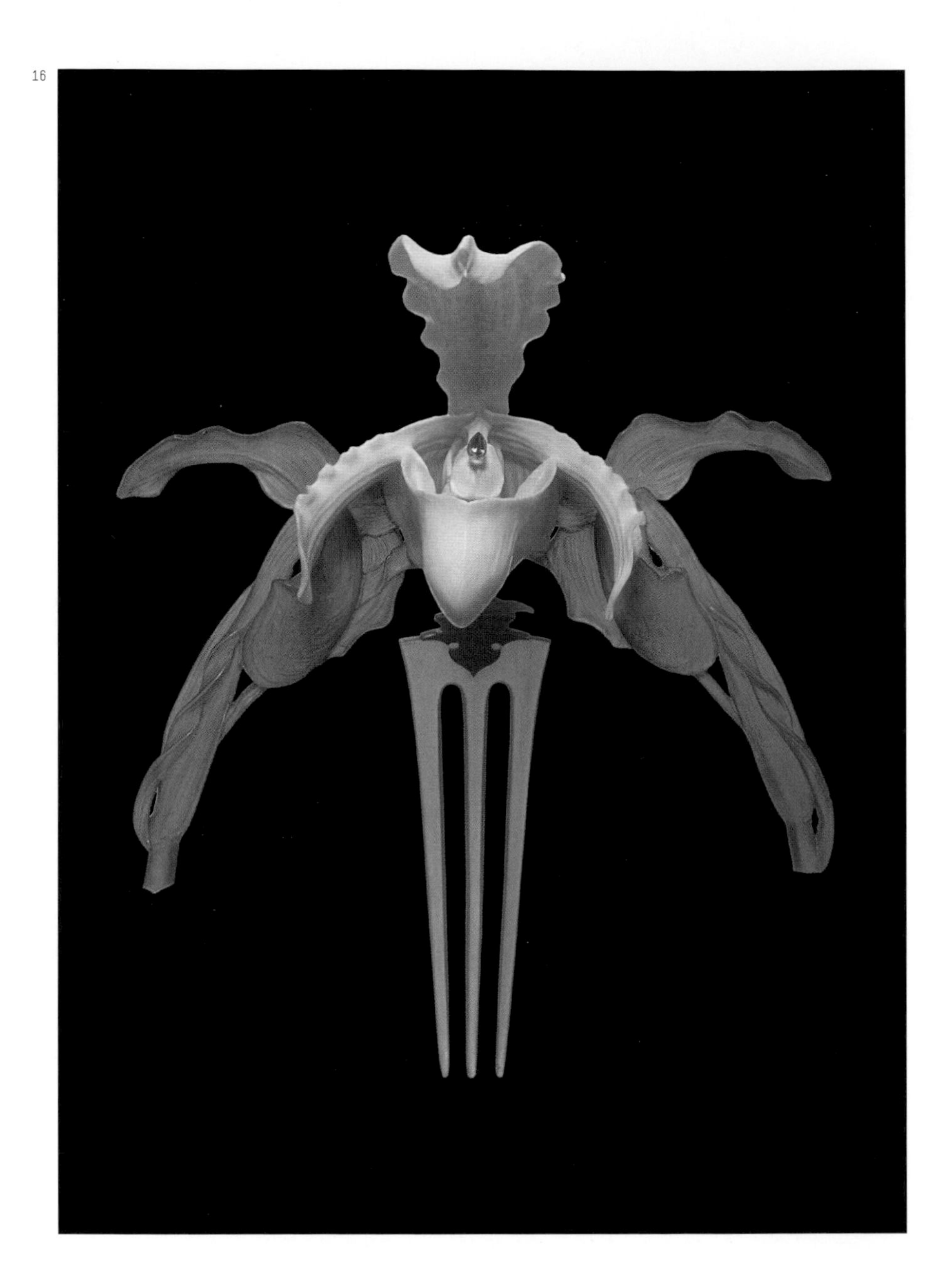

16

Diadem »Orchidee« / ***Tiara ›Orchid‹***

René Lalique, Paris, ca. 1903–1904

Horn, Elfenbein, Gold, Topas /

Horn, ivory, gold, topaz

Calouste Gulbenkian Museum, Lisboa

17

Anhänger »Stiefmütterchen« /

›Pansy‹ pendant

René Lalique, Paris, ca. 1900

Gold, Diamanten, Email, Barockperle /

Gold, diamonds, enamel, baroque pearl

H 9 cm

Bayerisches Nationalmuseum, München

(Stiftung Allianz AG)

18

Brosche »Schlangenblüte« /

Brooch ›Serpent Flower‹

René Lalique, Paris, ca. 1898–1899

Gold, Email / *Gold, enamel*

Dm 7 cm

Hessisches Landesmuseum, Darmstadt

19

19
Schmuckkamm / *Ornamental comb*
René Lalique, Paris, 1899 – 1900
Horn, Email, Gold / *Horn, enamel, gold*
H 15,8 cm
MAK – Österreichisches Museum für angewandte Kunst / Gegenwartskunst, Wien

20
Anhänger / *Pendant*
Hugo Schaper, Berlin, ca. 1900
Gold, Elfenbein, Brillanten, Perle, Citrin, Email /
Gold, ivory, diamonds, pearl, citrine, enamel
Landesmuseum Württemberg, Stuttgart

21
Schmuckkamm / *Ornamental comb*
Falize Frères, Paris, ca. 1899
Schildpatt, Gold, Silber, Opale, Rubine /
Tortoiseshell, gold, silver, opals, rubies
H 7,9 cm
Museum für Kunst und Gewerbe, Hamburg

22
Collier-de-Chien-Platte /
Dog collar plaque
Lucien Galliard, Paris, ca. 1900
Horn, Gold, Diamanten /
Horn, gold, diamonds
H 6 cm
Badisches Landesmuseum, Karlsruhe

20

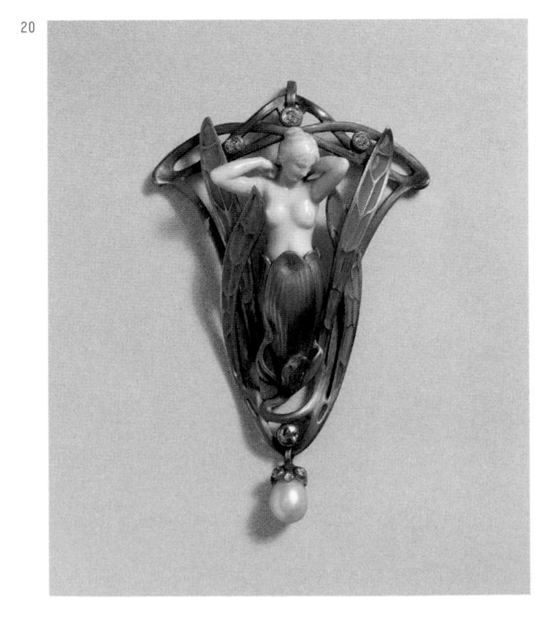

21

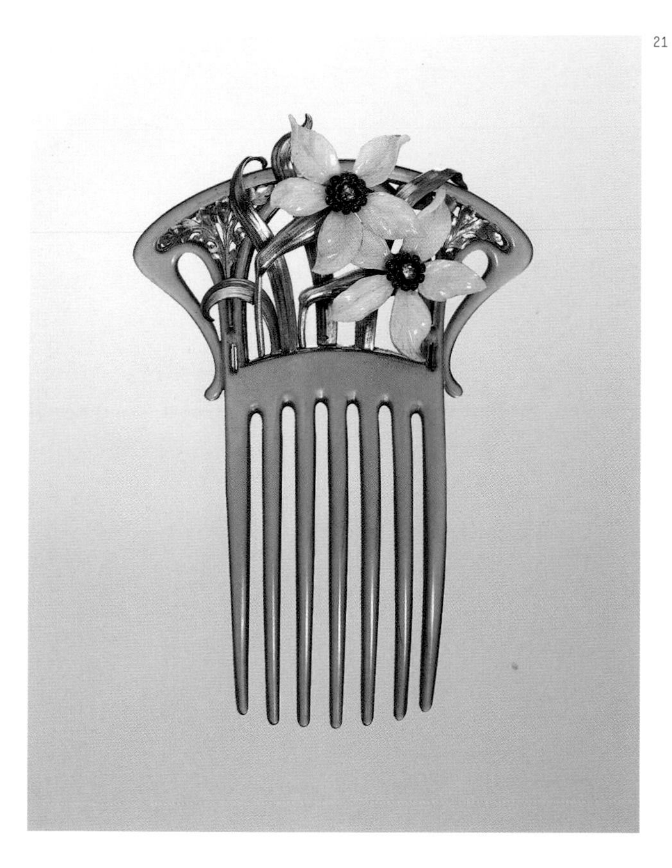

22

23

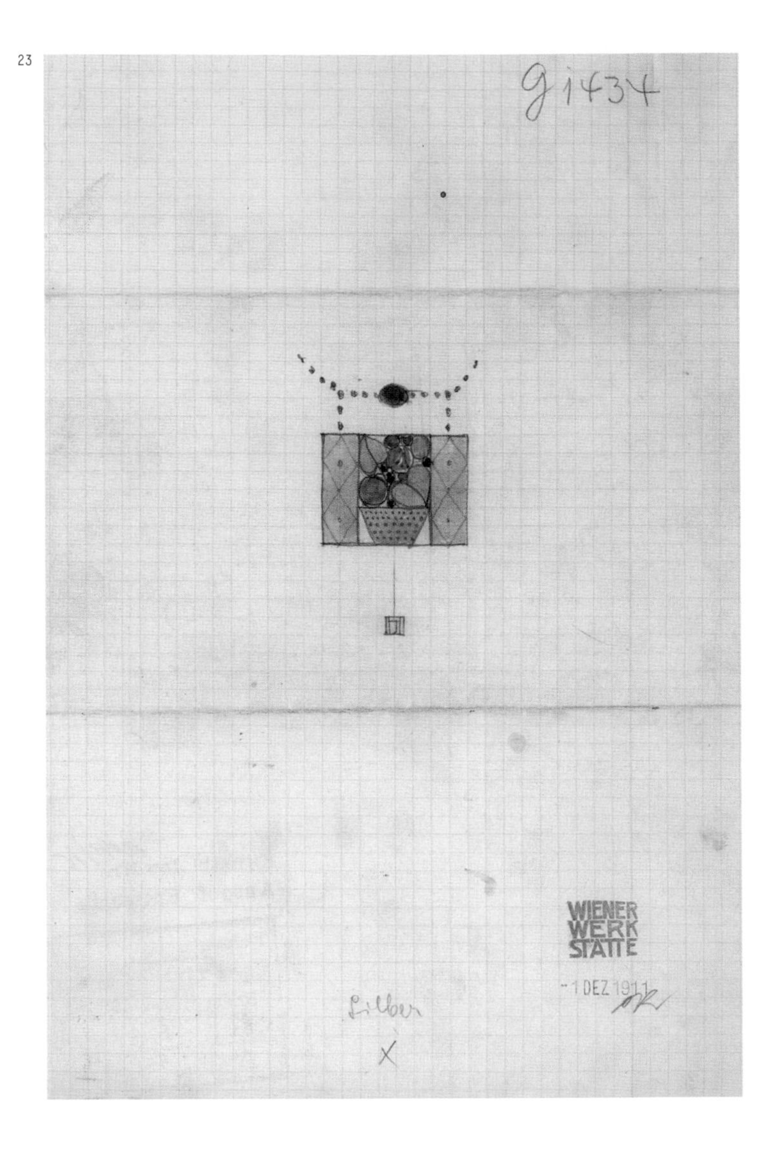

23
Entwurfszeichnung /
Design sketch
Josef Hoffmann, Wien,
für / *for* Wiener
Werkstätte, 1911
H 26 cm
MAK – Österreichisches
Museum für angewandte
Kunst / Gegenwartskunst,
Wien

24
Entwurfszeichnung /
Design sketch
Koloman Moser, Wien,
für / *for* Wiener
Werkstätte, ca. 1910
H 25 cm
MAK – Österreichisches
Museum für angewandte
Kunst / Gegenwartskunst,
Wien

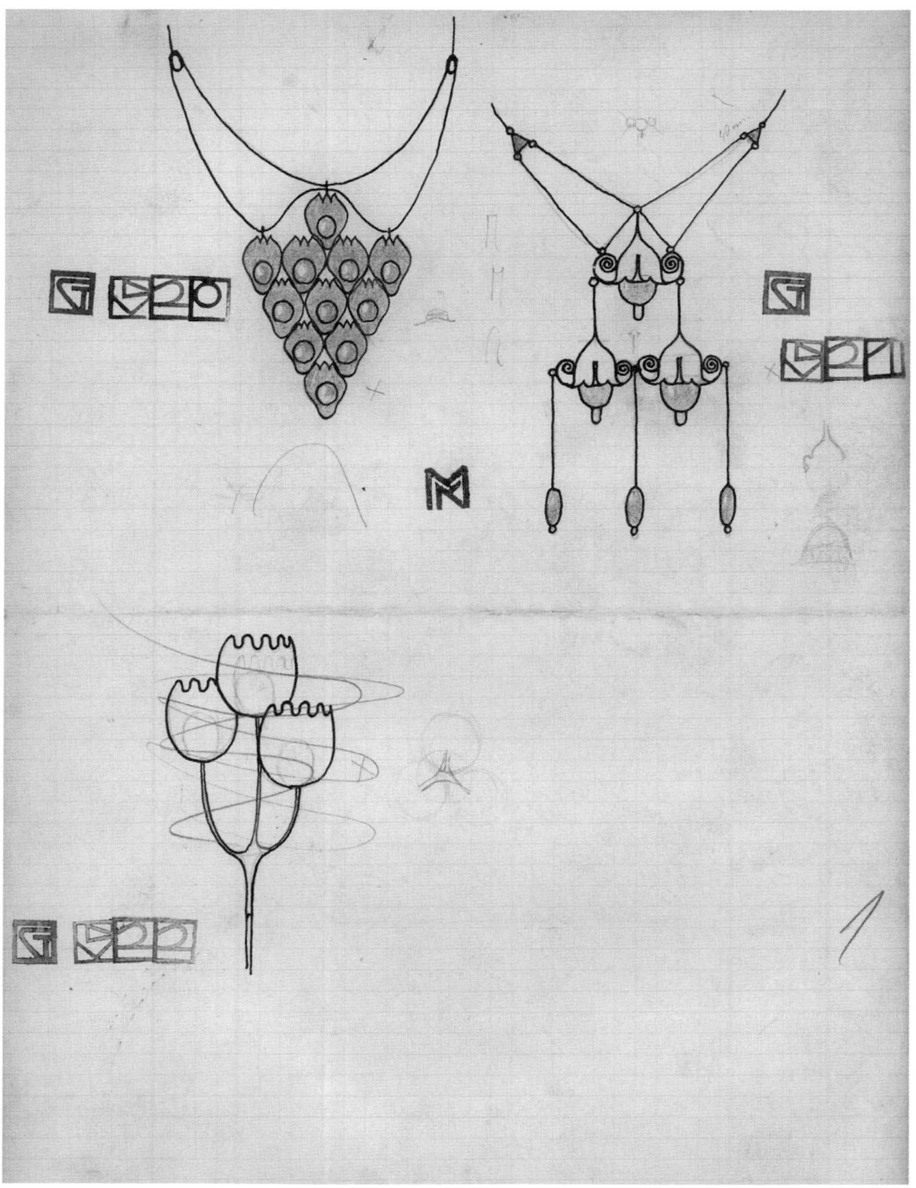

25

26

25
Medaillon-Anhänger / *Medallion pendant*
Entwurf / *Design:* Otto Prutscher,
Wien, ca. 1901
Silber vergoldet, Email /
Silver-gilt, enamel
Dm 4 cm
Schmuckmuseum Pforzheim

26
Brosche / *Brooch*
Entwurf / *Design:* Josef Hoffmann
Ausführung / *Execution:* Wiener
Werkstätte, 1908 – 1910
Silber / *Silver*
Dm 5,8 cm
Schmuckmuseum Pforzheim

27

27

Brosche / *Brooch*
Entwurf / *Design:* Boucheron, Paris
Ausführung / *Execution:* Le Turcq, 1925
Gold, Platin, Weißgold, Koralle, Nephrit, Jaspis, Malachit, Lapislazuli, Diamanten / *Gold, platinum, white gold, coral, nephrite, jasper, malachite, lapis lazuli, diamonds*
B 6,9 cm
Diamantmuseum Antwerpen

28

Minaudière / *Cosmetics case*
Paris, ca. 1925
Gold, Email, Achat, Lapislazuli / *Gold, enamel, agate, lapis lazuli*
B ca. 10 cm
Faerber Collection, Genève

28

29

Gijs Bakker

Halsschmuck / *Necklace* »Dewdrop«, 1983

Kunststoff, Foto / *Plastic, photograph*

B 60 cm

Paul Derrez & Willem Hookstede

Collection

30

31

32

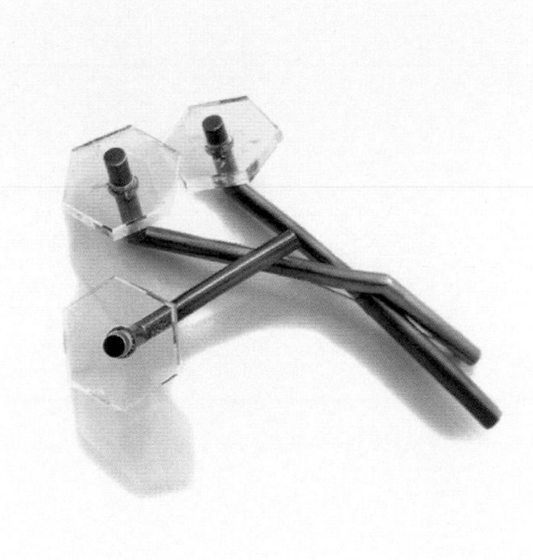

30
Helen Britton
Brosche / *Brooch*, 2004
Kunststoff, Farbe, Silber /
Plastic, paint, silver
L 5,3 cm
Schmuckmuseum Pforzheim

31
Iris Bodemer
Brosche und Zeichnung /
Brooch and drawing, 2007
Koralle, Aquamarin, Wolle,
Bleistift-Zeichnung /
Coral, aquamarine, wool, pencil drawing
H 35 cm

32
Georg Dobler
Brosche / *Brooch*, 2003
Silber, Rosenquarz / *Silver, rose quartz*
L 11 cm

33
Iris Eichenberg
Brosche »Schwarze Blume« /
Brooch ›Black Flower‹, 2007
Châtelaine, Messing, Wolle, Leder /
Châtelaine, brass, wool, leather
L 12,3 cm

33

34

34
Ute Eitzenhöfer
Brosche / *Brooch*, 2007
Kunststoff, Tigerauge, Citrin, Mondstein /
Plastic, Cat's-Eye, citrine, moonstone
H 5 cm

35
Anna Heindl
Halsschmuck »Sonnenblüten« /
Necklace ›Sunflowers‹, 2000
Gold, Rubine / *Gold, rubies*
Dm (innen / *inside*) ca. 15 cm

35

36

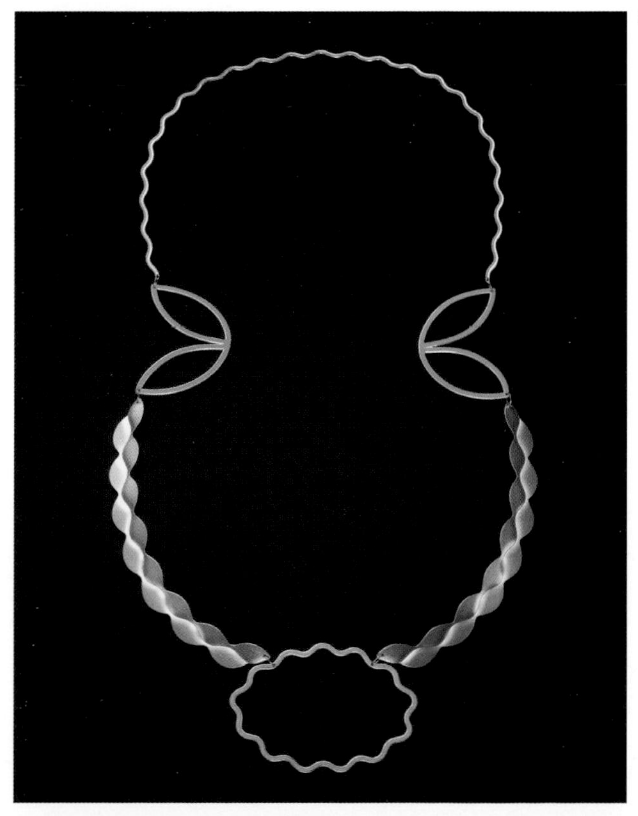

37

36
Winfried Krüger
Brosche / *Brooch*, 2006
Silber, Feingold, Glas /
Silver, fine gold, glass
L 12 cm

37
Birgit Laken
Halsschmuck / *Necklace*, 2006
Silber, Lack / *Silver, lacquer*
L 38 cm

38

38
Wolfgang Lieglein
Halsschmuck / *Necklace*, 2004
Textil, Kunststoff, Metall /
Textile, plastic, metal
Dm [innen / *inside*] ca. 17 cm

39
Nanna Melland
Halsschmuck / *Necklace*
»Les fleurs du mal«, 2006
Blei / *Lead*
L ca. 50 cm

40
Renata de Medico
Körperschmuck / *Body jewellery*, 2007
Textil, Glas / *Textile, glass*
L 26 cm

39

40

41

42
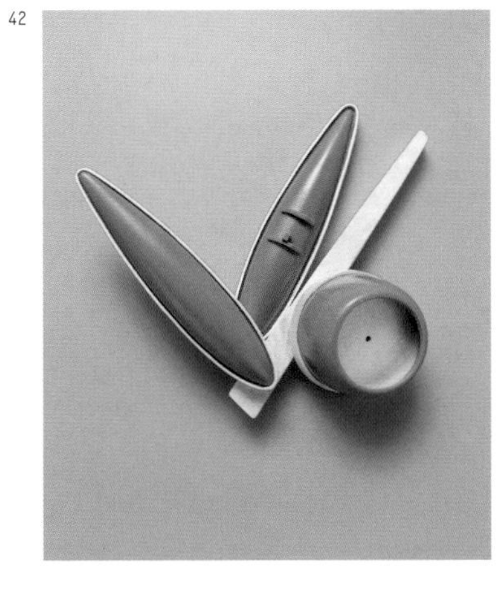

43

41
Iris Nieuwenburg
Brosche »Table Setting« /
Brooch ›Table Setting‹, 2005
Silber, Lack, Glas / *Silver, lacquer, glass*
H ca. 5 cm

42
Katja Prins
Brosche / *Brooch*, 2006
Kunststoff, Silber / *Plastic, silver*
H 7,5 cm
Schmuckmuseum Pforzheim

43
Marianne Schliwinski
Brosche / *Brooch*, 2006
Glas, Silber, Aluminium, Farbe,
Fundstücke /
Glass, silver, aluminium, paint,
objets trouvés
H 6 cm
Galerie Spektrum, München

44
Annelies Planteijdt
Kollier »Schöne Stadt - Rote goldene
Kammer, Grüne Laube« /
Collar ›Beautiful City – Red Golden
Chamber, Green Arbour‹, 2007
Gold, Safran (das rote Gold), rotes und
grünes Pigment /
Gold, saffron (the pink gold), red and
green pigments
18 x 27 cm

45

45+46

Bettina Speckner

Brosche und Foto / *Brooch and photo*, 2006

Ferrotypie, Rotgold, Knochen [Fundstück], Blutstein / *Photoengraving, red gold, bone (objet trouvé), bloodstone*

H 7 cm

»Lenox, MA«, 2007

Fotografie / *Photograph*

47

Detlef Thomas

Halsschmuck / *Necklace*, 1989

Silber, Gold / *Silver, gold*

H 21 cm

Schmuckmuseum Pforzheim

46

Blüten in der zeitgenössischen Kunst

Flowers in Contemporary Art

English summary -> P. 67

Die Blume als Baustelle

Überlegungen zum Gebrauch der Blume in der Kunst

Bettina Schönfelder

Blumen in der Kunst sind nichts Neues, im Gegenteil, sie gehören zu den ältesten Themen des Menschen im gestalterischen Umgang mit sich und seiner Umwelt. Sie sind ein wirkungsvoller Ausdruck menschlicher Gefühle. Blumen begleiten alle wichtigen *rites de passage*, die zeremoniell gefeierten Übergänge des Lebens von der Geburt bis zum Tod. Als Geburtstagsblumen, Brautstrauß und Trauergebinde transportieren Blumen auch in der westlichen, hochzivilisierten und ritenarmen Gesellschaft einen beachtlichen Rest an metaphorischem Gehalt. Die Blume ist Lebenssymbol und Liebesbeweis. Sie verkörpert ein Höchstmaß an Schönheit und Vollkommenheit. In der Blume wird die Natur selbst zur Kunst-Form, zum ästhetischen Phänomen. Sie verkörpert gleichzeitig das Einzigartige und das Serielle. Gertrude Steins Diktum »Rose is a rose is a rose is a rose« aus dem Jahr 1913 bringt dieses Paradox auf den Punkt.[1]

1

Bis zum Surrealismus war die Blume in der bildenden Kunst ein bedeutsames Motiv. In der niederländischen Malerei des 17. Jahrhunderts spielte sie eine herausragende Rolle, im 19. Jahrhundert erlebte sie eine erneute Blütezeit. Den dann folgenden Avantgarden wurde das handliche Motiv auf dem Weg in die Abstraktion eher fremd und suspekt: Mit dem Ungegenständlichwerden der Malerei verschwand auch die Blume von der Bildfläche der Kunst, sie rutschte in die Niederungen der »Kaufhauskunst« und der »Sonntagsmalerei« ab. Das malerische

Blumenstück in seiner traditionellen Form hatte ausgedient. Sigmar Polke pflegte seinen liebevoll-ironischen Umgang mit dem spießbürgerlich gewordenen Motiv [Abb. 1], und nur wenige Künstler schätzten das abstrakte Potential, das der Blume von jeher eigen ist und in der Arabeske seine Linie gefunden hat. Mittels technischer Bildverfahren tausendfach vervielfältigt, wurden die Blumen zum austauschbaren Muster für massenmediale Produkte, aber auch zum Träger popkultureller Phänomene und politischer Bewegungen. Erst mit der Rückkehr der Figuration in der bildenden Kunst feierte die Blume ihr Comeback. Fotografie und Video, die bildästhetisch dem mimetischen Prinzip verhaftet sind, spielten – und spielen – dabei eine wichtige Rolle. Inzwischen besetzt die Blume aber auch als Gemälde, als Skulptur und Installation ganz selbstverständlich den musealen Raum. Manchmal verbreitet sie hier auch ihren besonderen Duft, der zu ihr gehört wie die Farbe.

2

Die Ausstellungen zum Thema häufen sich in auffallender Zahl. »Flower Power« [Lille 2003], »The Flower as Image« [Humlebæk 2004], »Blumenmythos« [Riehen 2005], »Blumenstück – Künstlers Glück« [Leverkusen 2005], »Gärten: Ordnung, Sinn, Inspiration« [Frankfurt am Main und München 2007], »Gartenlust. Der Garten in der Kunst« [Wien 2007], so die Titel einiger ausgewählter Ausstellungen der jüngsten Zeit. Sie präsentieren das Motiv der Blume als Solitär oder in der unabdingbaren Zusammenschau mit den historisch wechselnden Konzepten von Garten und Landschaft. Die Blume als Bild ist Quotenstar und Publikumsliebling. Angesichts des Phantoms Klimawandel mag das unermüdliche Blühen der Blume als Garant der doch noch stabilen Natur erscheinen. Wenigstens im Garten findet man ein kontrollierbares Stückchen Natur, eine konkret gestaltbare Oase [Abb. 2].

Oft bilden große Gartenschauen den Anlass zur kaleidoskopischen Entfaltung historischer und zeitgenössischer Blumenbilder in der Kunst. Bei der vergleichenden Betrachtung von Naturblumen und Kunstblumen stellt sich zwangsläufig die Frage, was wir eigentlich gerade unter »Natur« verstehen. Die Blume versinnbildlicht wie eine Essenz der Natur die unterschiedlichsten Antworten. In den spätmittelalterlichen

Abb. 1
Sigmar Polke, »Calla«, 1969
Dispersion auf Papier /
Dispersion paint on paper
63,5 × 53 cm
Sammlung Fröhlich, Stuttgart

Abb. 2
Iska Jehl, »In der Laube«
[›*In the Arbour*‹], 2004
Lambda Print auf Aludibond /
Lamda print on Aludibond,
120 × 80 cm

English summary -> P. 67

Paradiesgärten war sie Offenbarung und Abbild des Göttlichen (Abb. 3). Die arkadischen Idyllen des Barock machten Landschaft zum irdischen Paradies. In Monets Garten konnte der Künstler zum Schöpfer einer zweiten Natur werden. Van Gogh dramatisierte die Sonnenblumen zum kompromisslosen Bild seiner künstlerischen Existenz. Paul Klee konstruierte sein biosophisch-botanisches Theater. Max Ernst collagierte eine individuelle *histoire naturelle* aus dem Fundus verfremdeter Naturvokabeln (Abb. 4). Andy Warhol verknüpfte die Serialität des gedruckten Bildes mit der Blume als die monotone Wiederkehr ihrer selbst (Abb. 5). Fischli und Weiss übersteigern die werbeästhetische Schönheit der Blume in ihrer Bildenzyklopädie der »Sichtbaren Welt«. Und Fiona Rae baut florale Formen versatzstückartig in den digital anmutenden Bilderkosmos ihres »Hongkong Garden«. Die zeitgenössischen Künstlerinnen und Künstler gehen mit plastischem Bewusstsein, koloristischem Genuss, enzyklopädischem Interesse oder ornamentalem Ordnungssinn ans Werk, um die Pflanze, die einzelne Blüte oder den komponierten Garten in Szene zu setzen.

Die Spannbreite der floralen Inszenierung ist groß und reicht von poetischer Aufmerksamkeit bis zu kitschiger Sentimentalität, von verführerischer Üppigkeit bis hin zu ironischen Brechungen und hybriden Mutationen der echten Pflanzenwelt. Einerseits feiern die Blumendarstellungen eine wiedergefundene Freude an der Augenweide, an der Schönheit, die als ästhetische Kategorie erneut Bedeutung gewonnen hat. Andererseits – und geradezu zwangsläufig – ist Kunst, die sich heute mit dem Thema »Blumen« befasst, verwoben mit Fragen der Ökologie und der Genforschung – mit dem ungesicherten Feld unseres Umgangs mit »Natur« also, oder mit dem, was wir dafür halten. Die Blume als Bild wandert durch die Vorstellungen von der Natur und durch die Medien ihrer Visualisierung. In der Pflanze treffen Kunst, Technik und Wissenschaft unter wechselnden historischen Bedingungen aufeinander.

Für den heutigen Gebrauch der Blume in der Kunst sind die historischen Blütezeiten des Bildmotivs ein wirksamer Nährboden. Die naturforscherische Beobachtung des 17. Jahrhunderts sezierte die Natur und erfand die Blume als Bild. Die

Abb. 3
Unbekannter Meister / ***Unknown master,***
»Paradiesgärtlein«
[›*Little Garden of Paradise*‹], ca. 1415
26 × 33 cm
Städel Museum, Frankfurt am Main

Abb. 4
Max Ernst, »Grätenblumen«
[›*Fishbone Flowers*‹], ca. 1926
Gemälde auf Leinwand /
Painting on canvas
65 × 81 cm
Hamburger Kunsthalle

3

4

romantische Vision verklärte die Pflanze zum *alter ego* des Selbst. Der technisierte Blick des beginnenden 20. Jahrhunderts zoomte das Motiv Blume vom mikroskopisch Elementaren zum makroskopisch Ornamentalen (Abb. 6). Inzwischen sind die Instrumente des Sehens in die Pflanzen eingedrungen. Heute ist die Blume eine Baustelle ihrer genetischen Information, während die farbig-opulente Bilderwelt von Pflanzen und Blüten eine als unangreifbar ersehnte Natürlichkeit – erinnernd oder aber als erneute Vision – vor Augen führt. Baukastenartig lassen sich die Variationen des vorübergehend Perfekten und Schönen am Beispiel der Blume erproben.

Die Blume als Bild

Die ersten Darstellungen von eigenständigen Blumenbuketts stammen aus den nördlichen Niederlanden. Im ausgehenden 15. Jahrhundert lockerten die neu aufkommende Faszination durch Natur und Technik sowie das wachsende Interesse an einer genauen Beschreibung der alltäglichen Vorgänge die bisherige Einbindung des Motivs in die christliche Ikonografie. Die Blume löste sich aus dem Zusammenhang biblischer Szenen und dem Kontext symbolisch-floralen Dekors. Die Entwicklung der Stilllebenmalerei zählt zu den besonderen Leistungen der niederländischen Kunst des 17. Jahrhunderts. Sie spiegelt das Selbstbewusstsein einer jungen, weltweit Handel führenden Nation wider. An die Stelle der alten Herrschaft des Adels und der Kirche trat ein wohlhabendes Bürgertum, für dessen Bedürfnis nach Repräsentation neue Sujets und Bildformen entstanden.

Das Blumenstillleben symbolisierte, in Fortführung der religiösen Blumenmetaphorik, die Vergänglichkeit und Kürze des Daseins. Vom Stillleben ging die Aufforderung des *carpe diem* aus, der Ruf, das eigene Dasein und seine Möglichkeiten zu nutzen, ehe es zu spät ist. Die Darstellungen von Blumen im Moment ihrer vollsten Blüte betonen den Augenblick. Sie zeigen aber auch, dass mittels der bildlichen Vergegenwärtigung Erinnerung geschaffen und die Vergänglichkeit aufgehalten werden kann. Die Kultivierung der Pflanzen galt als Sinnbild der artifiziellen, von Menschenhand geformten Schöpfung. Ihre Schönheit war das

Abb. 5
Andy Warhol, »Flowers«
Serie von 10 Blättern, Siebdruck auf Papier/
Series, 10 sheets, silkscreen on paper
91 × 91 cm (jeweils/*each*)
Louisiana Museum for Moderne Kunst, Humlebæk

Abb. 6
László Moholy-Nagy, »Berlin«, ca. 1928
Originalabzug, Gelatine-Silber-Papier/
Original silver gelatine print
17,3 × 23,4 cm
The Marc Rich Collection

5

6

positive Gegenstück zur überwundenen, wilden Natur. Mit den echten gezüchteten Pflanzen verbanden sich wissenschaftlicher Ruhm, Anerkennung und Macht.

Viele Blumenstillleben des 17. Jahrhunderts vereinen zahlreiche Blumensorten und nehmen keine Rücksicht auf ihre tatsächliche Verfügbarkeit und Blütezeit. Die Zusammenstellung ist idealtypisch und enzyklopädisch gemeint. Es ging nicht um die Darstellung tatsächlich existierender Blumensträuße sondern um ein Gesamtbild der einheimischen Flora und der importierten Raritäten (Abb. 7). Die Gemälde machten diese nicht konservierbaren Schätze zu Kuriositäten der Kunst- und Wunderkammern und damit auf Dauer verfügbar. Der Betrachter der Bilder sollte in gleichem Maße belehrt wie auch durch die Schönheit der dargestellten Blüten erfreut werden. Hinzu kamen pharmakologische und toxikologische Interessen. Schon in den Herbarien des Mittelalters hatte man vorzugsweise auf die Heilwirkung der Kräuter geachtet. Seit der zweiten Hälfte des 15. Jahrhunderts setzte, unterstützt durch das neue Medium des Buchdrucks, ein Aufschwung in der botanischen Forschung ein, die sich nun empirisch-deskriptiv mit der Morphologie der Pflanzen und mit ihrer medizinischen Anwendbarkeit beschäftigte. Man unternahm erstmals den Versuch, die Vielfalt der Arten zu systematisieren und zu klassifizieren. Die Form und Anordnung von Wurzeln und Zweigen, die Gestalt der Blätter, die Farbe und Form der Blüten wurden detailgenau wiedergegeben (Abb. 8). Zahlreiche Maler spezialisierten sich auf das Blumenthema und entwickelten eine grandiose Virtuosität in der Trompe-l'Oeil-Malerei.

7

Dank der Druckgrafik verfestigt sich das formale Repertoire und der allegorische Gehalt der niederländischen Blumenstillleben. Sie erwiesen sich als äußerst beliebtes und verkaufsträchtiges Motiv für einen geografisch größer werdenden Markt von bürgerlichen und adligen Auftraggebern, Kunstkennern und Sammlern. Aufwändig gestaltete Buch- und Mappenwerke waren im späten 18. Jahrhundert die erste quasi massenmediale Distributionsform für die autonom werdende Gattung der Stillleben und Landschaftsdarstellungen. Die Blumenmalerei fand im 19. Jahrhundert breite akademische Anerkennung in ganz Europa. Als rhetorische Formel verflüchtigte sich in der Folge allerdings

8

ihr symbolischer Gehalt. Zurück blieb die repräsentative Form. Das Blumenstück wurde zum sorgfältig kodierten Dekorationsartikel für die üppigen gründerzeitlichen Interieurs. Makart-Bouquets gehörten im ausgehenden 19. Jahrhundert zur Ausstattung jedes gründerzeitlichen Salons.

9

Die Blume schaut zurück

Um 1800 schufen Dichtung und Malerei, die etablierten Sprachen der Kunst, eine entmaterialisierende Blumenmystik, deren Echo noch heute im Alltag wirksam ist (Abb. 9). Die Blume wurde zum Sehnsuchtsmotiv, das ein letztlich unstillbares Begehren nach dem ungreifbar Anderen zum Ausdruck brachte. Diese pantheistisch beseelte Sicht auf die Natur stand unter den Vorzeichen eines tiefgreifenden Kulturpessimismus. Die anfängliche Begeisterung für die technischen Fortschritte und die gesellschaftlichen Veränderungen schlug in ihr Gegenteil um. Der Eindruck zunehmender Entfremdung des Menschen von der Natur bestimmte das neue Lebensgefühl.

Seit Jean-Jacques Rousseau galt die Rückbesinnung auf die Natur als der einzig mögliche Weg zur Regeneration einer heimatlos gewordenen Gesellschaft. Die Kunst beschwor in verklärenden Bildern die harmonische Einheit von Mensch und Natur. Es musste möglich sein, die Wechselbeziehungen zwischen dem Sichtbaren und dem Unsichtbaren, der irdischen und der spirituellen Welt zu erkennen, um so den harmonischen Urgrund der Natur zu verstehen. Die metaphorischen Sprachschöpfungen der Romantik beschrieben die Blume als ein zartes, kostbares und kurzlebiges Geschöpf. Sie wurde zu einem dem Menschen wesensnahen Individuum stilisiert, das man um ihrer selbst willen betrachtete und gleichzeitig zum Spiegelbild der eigenen Seelenverfassung machte. Die Pflanze führte eine dem Menschen gegenüber abgeschlossene, kostbare Existenz. Vielleicht blühte sie nur im Verborgenen, verdiente aber in ihrer eigentümlichen Selbstgenügsamkeit, ihrer Wehrlosigkeit und raschen Vergänglichkeit umso größere Wertschätzung und Verehrung. Man sprach »durch die Blume« und lauschte sensibel der Sprache der Natur, um mit ihrer Hilfe dem Geheimnis der Schöp-

Abb. 7
Jan Brueghel d.Ä. / *the Elder*, »Stilleben« [›*Still Life*‹]
Národni Galerie v Praze, Praha

Abb. 8
Georg Flegel, »Hundszahn, Narzise, Neapler Alpenveilchen, Kronen-Anemone« / *›Dog tooth, Narcissus, Neapolitan Alpine Violets, Anemone‹*, ca. 1610
Aquarelle und Deckfarbe mit Weißhöhungen auf Papier / *Watercolour and body colour, heightened in white on paper*
22,8 × 16,9 cm
Kupferstichkabinett, Staatliche Museen zu Berlin

Abb. 9
Philipp Otto Runge, »Der Tag« [›*Day*‹], 1807
Kupferstich / *Copperplate engraving*
70,6 × 47 cm
Hamburger Kunsthalle

fung näher zu kommen. Die Natur wurde zum Spiegelbild des nach Ausdruck suchenden künstlerischen Individuums. Sie gebar neben den Himmelsblüten, den »blauen Blumen« der Melancholie, auch giftige Pflanzen, schaurige Treibhausgewächse, die »Blumen des Bösen« [Abb. 12].
Wandervögel und Sonnenanbeter machten sich um 1900 auf die Suche nach einem energiespendenden, unvermittelten Naturerleben. Die akademie- und großstadtmüden Künstler suchten nach Orten in unverfälschter Natur, um in dieser als heil empfundenen Umgebung zu neuer künstlerischer Freiheit zu finden. Die äußere Wirklichkeit war Anhaltspunkt, aber nicht mehr das Thema der Malerei. Die Künstler wollten nicht nach der Natur malen, sondern wie die Natur schöpferisch tätig sein. Die impressionistische Malerei schließlich entließ die Blume aus ihrem symbolischen Gebrauch. Sie wurde zur Projektionsfläche der unmittelbaren Wahrnehmung des Künstlers. Das Festhalten der flüchtigen, sich unter wechselnden Lichtverhältnissen ständig ändernden Farbeindrücke rückte in den Mittelpunkt des künstlerischen Interesses. Subjektiv empfundene Momentaufnahmen wurden zur gültigen Bildform. Claude Monet ließ sich in Giverny nieder, wo er seinen Garten mit Seerosenteichen, japanischen Stegen und Rosen anlegte. Die späten Seerosenbilder bereiteten den Weg vom Landschaftsbild in die Abstraktion vor und schärften den Blick für die seriellen Bildfolgen des technischen Sehens [Abb. 10].

10

Die Blume als Gebrauchsform

Die Industrialisierung mit ihren neuen Produktionsformen und Produkten belebte die Diskussion um das Natürliche und das Ornamentale. In den ab den 1860er Jahren in immer dichtere Folge erscheinenden »Design«-Handbüchern galt die Natur als direktes Vorbild möglicher Ornamentik [Abb. 11]. Eine Kultur, die sich zusehends in städtischen Räumen entfaltete, hatte die Natur nicht mehr als alltägliches Bezugsfeld, schuf sich aber abgezirkelte Segmente des natürlich Gemeinten. Das wilde Tier konnte man in Menagerien bewundern, die blühende Natur im botanischen Garten genießen. Die beherrschbaren Impressionen

11

Abb. 11
Claude Monet,
»Der Garten des Künstlers in Giverny«
[›*The Artist's Garden at Giverny*‹], 1900
Öl auf Leinwand / *Oils on canvas*
81 × 92 cm
Musée d'Orsay, Paris

Abb. 12
Owen Jones, Bodenfliesenmuster
[*Floor tiling pattern*]
Aus / *From:* M.P. Verneuil, Étude de la plante, Paris ca. 1910

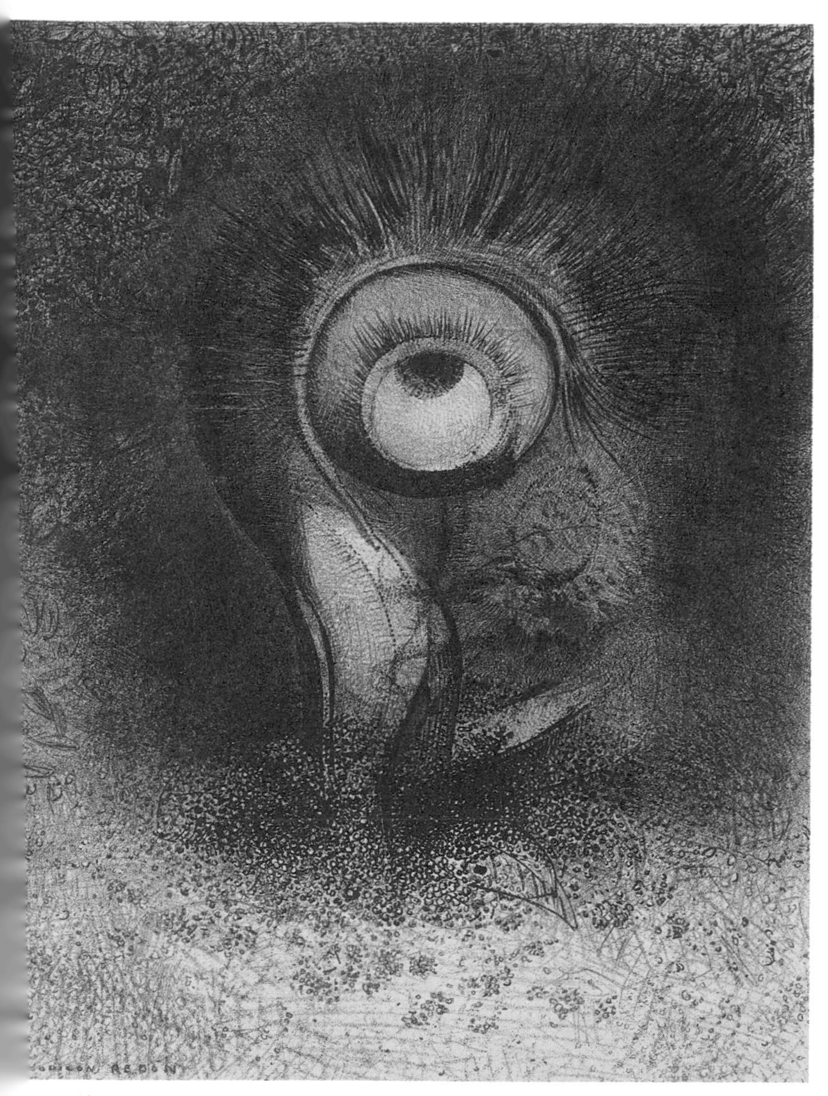

12

Abb. 12
Odilon Redon,
»Il y eut peut-être une vision première essayée dans la fleur (Les Origines Nr. II)«, 1883
Lithografie / *Lithograph*
22,3 × 17,2 cm
Winterthur, Kunstmuseum Winterthur, Geschenk des Galerievereins, Freunde des Kunstmuseums Winterthur, 1921

13

Abb. 13
Karl Blossfeldt,
»Glockenblume in 10facher Vergrößerung«
[›*Campanula Magnified 10 times*‹]
Aus / *From:* Urformen der Kunst.
Photographische Pflanzenbilder,
Berlin 1928

Abb. 14
Ernst Haeckel, »Calcispongiae
(Schwämme)«
[›*Calcispongiae (Sponges)*‹]
Aus / *From:* Kunstformen der Natur,
Leipzig / Wien 1904

einer gezähmten Natur bildeten Reservate des Naturerlebens, das sich wie ein zusätzlicher, letztlich aber fremder Erfahrungskreis um das Kulturell-Städtische lagerte. Diese »neue Natürlichkeit« orientierte sich nicht am direkten Naturerleben, sondern am wissenschaftlichen Blick auf die Natur. Die morphologischen Untersuchungen der Evolutionsbiologie schufen die neuen Bilder der Natur und ihrer Systematik (Abb. 13).

Ernst Haeckel als einer der Hauptvertreter des Darwinismus sah die Naturgestalt als Resultat einer streng genealogischen Formentwicklung. Das einzelne Bild war daher nicht einfach nur die Darstellung eines speziellen Organismus. Es demonstrierte vielmehr an diesem Einzelnen eine Gesetzmäßigkeit, die sich auf Urformen zurückführen ließ. Die systematische Erfassung von Pflanzen mittels der Fotografie[2] schuf ein neues »Naturprodukt«, den Pflanzentypus. Die Symmetrie wurde zum gemeinsamen, mechanischen Ordnungsprinzip aller Naturformen. Das Ornamentale gewann seine Würde jenseits des oberflächlich-dekorativen Beiwerks. Es zeigte sich als eine die Natur strukturierende Größe. Die in der Folge stilbildende Pflanzenfotografie Karl Blossfeldts lenkte mit ihrem strengen Bildaufbau den Blick auf die konstruktiven Lösungen der Natur (Abb. 14). Die sachliche Darstellungsweise der pflanzlichen Präparate vor grauem Hintergrund nahm Bezug auf die Herbarien des 17. und 18. Jahrhunderts. Gleichzeitig entstand damit eine strikt moderne Form, die allerdings erst ab 1925 unter der Stilbenennung »Neue Sachlichkeit« künstlerische Wirkung erlangen sollte (Abb. 15). Die isolierte und plastische Inszenierung der Blume wurde zum Prototyp der Sachfotografie und ist heute die historische Referenz jeder künstlerischen Blumenfotografie. Alle Bilder danach greifen das Inszenatorische, das Geschönte und Perfektionierte auf, das in der einst objektiv gedachten Aufnahmeform steckt. Sie unterlaufen oder überhöhen ihre theatrale Sachlichkeit. Aus dem Anspruch einer wahrheitsgetreuen Wiedergabe der Natur entstand ein fotografisches Sehen, das greifbare Körperlichkeit suggeriert. Hatte die prüde Bildrezeption des 19. Jahrhunderts den Aspekt der sexuellen Konnotation völlig ausgeblendet, so erzeugte die Klarheit der Sachfotografie durch Nahsicht und Lichtführung Analogien der Blütenformen zu Vulva und Phallus und

15

16

Abb. 15
Albert Renger-Patsch, »Iridaceae Gladiolus«,
1920er Jahre / *1920s*
Orginalabzug auf Gelatine-Silber-Papier / *Original silver gelatine print*
23,2 × 17,3 cm
The Marc Rich Collection

Abb. 16
Georgia O'Keeffe, »Oriental Poppies«, 1928
Öl auf Leinwand / *Oil on canvas*
76 × 101 cm
The Frederick R. Weisman Art Museum Collection, University of Minnesota

damit erotische Wirkung. Close-ups, extreme Vergrößerungen also, von Blüten in den popfarbenen, flächigen Bildern von Georgia O'Keeffe (Abb. 16) oder – später – in den die Aura der Unheimlichkeit atmenden Fotografien Robert Mapplethorpes, vertrieben das Unschuldige und Liebliche aus dem Motiv. Die Blume wurde zur Metapher für eine von gesellschaftlichen Zwängen befreite Sexualität.

Die endgültig häufigste und trivialste Form des Blumenmotivs jedoch findet sich im Wand-Abreiß-Kalender. Seit den 20er Jahren des 20. Jahrhunderts als Werbeträger von Firmen aller Sparten genutzt, präsentiert er Blumenbilder in bekannter Weise und berechenbarer Wiederkehr. Krokus, Rose und Weihnachtsstern sind Wegwerfbilder und nur noch ein banales Echo der Vanitas für den häuslichen Gebrauch. Seit der Pop Art ist ihre austauschbare Verfügbarkeit, ihre »übernatürliche« Perfektion und ihre dekorative Funktion Thema der Kunst und mehr und mehr auch alltägliche Wahrnehmungspraxis. Die massenmediale Bilderwelt der Blüten erscheint inzwischen natürlicher als die echte Blumenpracht (Abb. 17). Schaffen die Kunstblumen eine neue und perfektere Natur?

1 Teil des Gedichts »Sacred Emily«, das 1922 in dem Buch »Geography and Plays« erschien.
2 Die frühen Fotografen waren nicht selten Modelleure und Zeichner, die Vorlagen- und Mappenwerke für die Industrie herstellten und sich nun dem neuen Medium zuwandten.

17

Abb. 17

Peter Hutchison,
»Montain Lake Garden«, Alliterative Landscape Series, 1998
Foto-Collage, Gouache, Ölkreide, Tusche, Text /
Photo collage, gouache, wax crayons, India ink, text
152,5 x 102 cm

Ausgewählte Literatur

- *Blumenstücke. Kunststücke*, hg. von Hans-Michael Herzog, Ausst.-Kat. Kunsthalle Bielefeld 1995
- *Landschaft. Die Spur des Sublimen*, Ausst.-Kat. Kunsthalle zu Kiel 1998
- *Fleurs. Blumen in der zeitgenössischen Kunst und Naturkunde*, hg. von Markus Stegmann, Ausst.-Kat. Museum zu Allerheiligen und Kunstverein Schaffhausen 2000
- *»Sind uns Blumen eingepflanzet«, Natur als Seelenspiegel. Vom Biedermeier bis zum Neuen Realismus*, Ausst.-Kat. Städtische Galerie in der Reithalle Paderborn 2000
- *Ornament und Abstraktion*, hg. von Markus Brüderlin, Ausst.-Kat. Fondation Beyeler, Riehen/Basel 2001
- *Die Sache selbst*, hg. von Silke Opitz und Gerhard Wiesenfeldt, Ausst.-Kat. Ernst-Haeckel-Haus Jena in Zusammenarbeit mit der Bauhaus-Universität Weimar, Fakultät Gestaltung, Weimar 2002
- *Flowerpower*, Ausst.-Kat. Musée de l'Hospice Comtesse, Palais des Beaux Arts, Palais Rameau, Esplanande Euralille und Aéroport Lille-Lequin, Lille 2003
- *The flower as image*, Louisiana Museum of Art, Humlebæk 2004
- *Monets Garten*, hg. von Christoph Becker, Ausst.-Kat. Kunsthaus Zürich 2004
- *Blumenstück, Künstlers Glück. Vom Paradiesgärtlein zur Prilblume*, Ausst-Kat. Museum Morsbroich, Leverkusen 2005

Blumenmythos. Von Vincent van Gogh bis Jeff Koons, Ausst.-Kat. Fondation Beyeler, Riehen/Basel 2005
- *Wunschwelten. Neue Romantik in der Kunst der Gegenwart*, hg. von Max Hollein und
- *Martina Weinhart*, Schirn Kunsthalle Frankfurt am Main 2005
- *Park. Zucht und Wildwuchs in der Kunst*, hg. von Johannes Bilstein und Matthias
- *Winzen*, Ausst.-Kat. Staatliche Kunsthalle Baden-Baden 2005

- Karl Nierendorf (Hg.), Karl Blossfeldt, *Urformen der Natur*, Berlin 1928, 1929, 1941, 1948, 1953, 1967, Neuauflage mit einem Nachwort von Ann und Jürgen Wilde, Dortmund 1982
- Karl Blossfeldt, *Wundergarten der Natur, Neue Bilddokumente schöner Pflanzenformen*, Berlin 1932
- Ernst H. Gombrich, *Ornament und Kunst. Schmucktrieb und Ordnungssinn in der Psychologie des dekorativen Schaffens*, Stuttgart 1982
- Norbert Schneider, *Stillleben – Realität und Symbolik der Dinge – die Stilllebenmalerei der frühen Neuzeit*, Köln 1989
- Karl Blossfeldt. *Photographien 1865–1932*, mit einem Text von Rolf Sachsse, Köln 1993
- Hermann Sturm, *Der ästhetische Augenblick*, München 1997
- Sybille Ebert-Schifferer, *Zur Geschichte des Stilllebens*, München 1998
- »Das Gartenarchiv. Eine Recherche«, in: *Kunstforum international*, Bd. 146/1999
- Horst Bredekamp, *Antikensehnsucht und Maschinenglauben – die Geschichte der Kunstkammer und die Zukunft der Kunstgeschichte*, Berlin 2000
- Isabel Frank (Hg.), *Die Rhetorik des Ornaments*, München 2001
- Gérard Raulet, Burghart Schmidt (Hg.), *Kritische Theorie des Ornaments*, München 2001
- »Zur Aktualität des Idyllischen«, in: *Kunstforum international*, Bd. 179/2006
- »Zur Aktualität des Idyllischen II«, in: *Kunstforum international*, Bd. 180/2006
- Olaf Breidbach, *Ernst Haeckel. Bildwelten der Natur*, München 2006
- René Binet, *Natur und Kunst*, mit Beiträgen von Robert Proctor und Olaf Breidbach, München/Berlin/London/New York 2007

English summary

P. 50 – 66: Die Blume als Baustelle

The Flower as Construction Site
Thoughts on the Use of Flowers in Art
Bettina Schönfelder

The flower *qua* image migrates through historical change in conceptions of nature and through the various media in which it is visualised. It is the embodiment of beauty and perfection to the highest degree. In it nature itself seems to become an art form, which at the same time engenders one-offs and uniform series. This paradoxical tension links the object closely with its image status. Visual pleasure and constructive awareness alike inform the present-day – rediscovered – treatment of this traditional motif.

The historical flowerings of the pictorial motif have proved fertile soil for the contemporary use of the flower in art. In the 17th century, scientists dissected nature in the interests of empirical observation and thus discovered the flower as picture. The Romantic vision, on the other hand, glorified flora as the *alter ego* of the artistic individual.

The technical viewpoint of the early 20th century zoomed the flower motif from something microscopic and elementary to the macroscopically ornamental. In the meantime, the instruments of seeing have penetrated flora. Now the flower itself is a construction site for its genetic information whereas the sumptuously coloured imagery of plants and blossoms merely calls to mind a naturalness that one hopes is inviolable or is once again made manifest as a renewed vision. Like modules the variations on perishable perfection and beauty can be tested in exemplary fashion on the flower.

1 €

»Édition totale éclipse«
Nathalie Wolff & Matthias Bumiller

Bei »édition totale éclipse« ist der Name Programm. Eine Sonnenfinsternis oder eine Eklipse ist ein astronomisches Ereignis. Das ist auch der Fall, wenn sich Nathalie Wolff und Matthias Bumiller begegnen. Die Blumen vom Wochenmarkt sind Ausgangspunkt und Inspiration für florale Fantasien. Dem irdischen Betrachter eröffnet sich beim Drehen des Postkartenständers ein erotisches Karussell. Mit hintersinnigem Humor entführen die Künstler uns in ihre Bilderwelt. Büstenhalter aus Narzissen, neugierige Tulpen und rankendes Efeu werden zu Motiven ihrer Zusammenkünfte. Ihre Serie von Postkarten bewegt sich dabei auf dem schmalen Grad zwischen Witz, Erotik und Kitsch.

In ›édition totale éclipse‹ the name is the agenda. A solar eclipse is an astronomical event. That is also the case whenever Nathalie Wolff and Matthias Bumiller get together. Flowers from the weekly market are the starting-point and inspiration for floral fantasies. Twisting the postcard stand opens up an erotic carousel to earth-bound viewers. With wry humour the artists spirit us away to their pictorial universe. Bras made of narcissi, curious tulips and luxuriantly growing ivy become the motifs of their meetings. Their series of postcards does a balancing act between wit, eroticism and kitsch.

English summary -> P. 79

Naturalistisch? Kitschig? Abstrakt?

Ein fiktiver Rundgang durch die zeitgenössische Kunst in »Kunst treibt Blüten«

Elisabeth Heine, Kuratorin und Künstlerin,
im Gespräch mit Jean-Baptiste Joly, Leiter der
Akademie Schloss Solitude

Jean-Baptiste Joly (JBJ) *Wie ist das Thema der Ausstellung zustande gekommen?*

Elisabeth Heine (EH) Ausschlaggebend war ein Buch von Emil Riester aus dem Jahr 1880. Der Professor an der ehemaligen Kunst- und Werkschule in Pforzheim hat ein außergewöhnliches Zeichenbuch gestaltet, in dem er botanische Blätter mit Schmuckentwürfen kombinierte. Auf jedem Blatt findet man naturalistische Pflanzenzeichnungen und entsprechende Schmuckideen. Die botanischen Zeichnungen waren die Vorgaben, aus denen Schmuck entworfen werden sollte. Emil Riesters Buch war der Ausgangspunkt für die Idee, florale Motive in der zeitgenössischen Kunst aktueller floraler Schmuckkunst gegenüberzustellen.

JBJ *Man hätte die Ausstellung und Publikation auf die heutige Schmuckkunst begrenzen können, aber das Thema der Ausstellung öffnet sich auch für zeitgenössische Kunst.*

EH Aus kunsthistorischer Sicht sind Blumen und Pflanzen ein durchgängiges, immer wiederkehrendes Motiv, dies gilt sowohl für die bildende als auch für die angewandte Kunst. Natürlich wird dieses alte Sujet von heutigen Kunstschaffenden sehr kontrovers behandelt, auffallend dabei ist das momentane Interesse an dieser Thematik. Im Reuchlinhaus haben wir die einmalige Gelegenheit, in den Räumen des Kunstvereins und des Schmuckmuseums »Blüten als Gegenstand künstlerischer Reflexion« aus beiden Bereichen zu zeigen.

JBJ *Diese beiden Bereiche gibt es auch in Ihrer Arbeit, Sie arbeiten als Schmuckdesignerin und Künstlerin, und bei diesem Projekt kuratieren Sie die zeitgenössische Kunst. Mit welchen Stichworten würden Sie die ausgestellten Arbeiten beschreiben?*

EH Das florale Motiv macht alle wechselhaften und vielfältigen Diskurse der zeitgenössischen Kunst mit. Der Bogen spannt sich vom Naturalistischen ins Abstrakte bis hin zum Kitschigen.

JBJ *Ja, es sind genau die Begriffe, nach denen wir die Beiträge der Ausstellung klassifizieren könnten: das Kitschige, das Naturalistische, das Abstrakte ...*

EH Die liebliche Blume zeigt sich in vielfältigster Ausformung und wird leidenschaftlich gepflegt ...

JBJ *Was wären sonst die Begriffe, die die unterschiedlichen Kategorien der Ausstellung charakterisieren könnten? Gibt es ornamentale Elemente?*

EH Ja, das Ornament ist ein zentrales Thema der Ausstellung, aber auch die Naturidylle, das Fantastische, das Symbolhafte, die Schönheit und die Vergänglichkeit, die Landschaft und das Stillleben sowie die Bilderzählung.

JBJ *Ein Thema scheint mir immer wieder vorzukommen, als Gegenpol zur Naturidylle: Es ist die Künstlichkeit.*

EH Ja, zum Beispiel im Beitrag von **Regula Dettwiler** geht es speziell um die Fragen »was ist Natur, was ist Künstlichkeit?«

JBJ *Genau! Vielleicht sollten wir anhand dieser Kategorien Paarungen bilden und dabei die Beiträge der einzelnen Künstler innerhalb dieser Strukturen ordnen? Gegensätzliche Paare könnten sein: das Naturalistische und das Fantastische, oder auch das Naturalistische und das Künstliche.*

EH Das Serielle haben wir auch gegenüber der Einzigartigkeit oder der einzelnen Darstellung.

JBJ Beginnen wir mit dem angeblich Einfachsten, der naturalistischen Abbildung.

EH In diese Kategorie passt **Stefan Kunze,** der sich in der Tradition der Kunst des 19. Jahrhunderts in die Landschaft begibt und großformatige Landschaftszeichnungen macht.

JBJ Woran erkennt man, dass er nicht nur in dieser Tradition verharrt, sondern auch ein Künstler unserer Zeit ist?

EH Es sind sehr verdichtete Zeichnungen, deren Naturalismus bis in die Abstraktion reicht.

JBJ So etwas wie die Unmöglichkeit, die Landschaft als ein Ganzes oder als ein Geschlossenes einzufangen?

EH Ja, mit Brüchen und mit offenen Stellen, die unfertig bleiben. Mit seinen komplexen Kompositionen fängt er auch in wunderbarer Weise Landschaftsstimmungen ein.

JBJ Können Sie zwischen diesen Zeichnungen und denen von Emil Riester einen Bezug herstellen?

EH In der Ausstellung wird Kunze großformatige Zeichnungen von Pflanzen zeigen, die sich vollständig von den Arbeiten Riesters unterscheiden. Weiter könnten sie nicht auseinander sein; aber es ist genau dieselbe Praxis, beide arbeiten mit dem leeren Blatt vor sich, mit dem Auge, das beobachtet und interpretiert, mit der Hand, die das Gesehene und Empfundene wiedergibt. Er schreibt über sich selbst: »Als deutscher Maler ist mein Thema die Landschaft, als Reverenz an die Romantik«. Es hat sicher auch mit Sehnsucht nach Idylle zu tun ...

JBJ ... die er vermisst und die nicht gezeichnet werden kann?

EH Die er vermisst und die er sucht.

JBJ Gibt es andere Künstler in der Ausstellung, die sich mit der Landschaft auseinandersetzen?

EH Ja, indirekt **Stefan Sehler.** Seine Bilder verlangen einen aufmerksamen Betrachter, nichts ist, wie es auf den ersten Blick scheint. Er ist ein Täuscher und spielt mit unseren Sehgewohnheiten. Kaum glaubt man, einer großformatigen, gerahmten Fotoarbeit gegenüberzustehen, erscheint das nächste Trugbild. Man meint, minutiös gemalte Pflanzenstudien vor der Natur – Zweige mit Blättern und Blüten – zu sehen.
Bei seinen Arbeiten handelt es sich um äußerst raffinierte Hinterglasmalerei. Im Gegensatz zum Malen auf Leinwand führt er seine Arbeitsschritte in umgekehrter Weise durch. Was bei der klassischen Malerei zuletzt gemalt wird, ist bei der Glasmalerei der erste Schritt. Korrekturen oder Übermalungen sind unmöglich. Er verwendet ganz unterschiedliche Farben und Lösungsmittel, die sich überlagern, verschmieren und trennen. Das Ergebnis ist nur bedingt kontrollierbar.

JBJ *All die schönen Effekte von Tiefe, Schattierung oder von Oberflächenstruktur sind Zufall?*

EH Ja, der Zufall ist mit dabei. Sein Malen verlangt eine Ahnung des Ergebnisses, bei der Schicht um Schicht eine Annäherung erfolgt. Die scheinbar abgenutzten Motive, wie Blumen, Berge und Wälder, werden von ihm unvoreingenommen überprüft. Das Sujet steht dabei nicht im Mittelpunkt, es ist vielmehr Anlass für eine abstrakte Malerei.

JBJ *Wer gehört noch zur Kategorie des Abstrakten?*

EH **Joachim Fleischer,** der mit seinen Lichtinstallationen abstrakt arbeitet. Für den Außenbereich hat er die Lichtinstallation »Pusteblume« konzipiert, eine Arbeit, in der die strenge Architektur des Hauses mit dem Thema der Ausstellung in Beziehung tritt. Mit Hilfe von Überblendungen wird ein szenischer Ablauf mit mehreren runden Lichtscheiben generiert und über die kubische Struktur des Museums bewegt – kugelig wirkende Module, die sich pulsierend und flimmernd zusammenfinden und wieder auflösen. Joachim Fleischer materialisiert das Licht, dabei kommt einem in kurzen Momenten die Zartheit und Fragilität der Pusteblume in den Sinn.

JBJ *Und wer gehört zur Kategorie des Kitschigen?*

EH An dieser Stelle würde ich gerne Jeff Koons große Stahltulpen nennen, leider sind sie nicht in der Ausstellung.

JBJ *Was ist mit* ***Peter Rösel?*** *Würden Sie nicht sagen, dass er in ironischer Weise mit dem Kitschigen spielt?*

EH Nein, aber das Dekorative wird durchaus thematisiert. Rösel verbindet seine Liebe zu Pflanzen mit seiner Abneigung gegen Uniformen, dabei entstehen Metamorphosen. Von ihm zeigen wir »Neue Kulturen«. Es sind zwei blühende, raumgreifende Kakteen aus Militärstoff mit metallisch glänzenden Stacheln. Kakteen, die der Betrachter als Miniatur von der Fensterbank kennt, vergrößert er ins Monströse. Die getarnten Kakteen-Panzer tragen weiße Blüten aus Feinripp-Unterhose.

JBJ *Sie haben eine monströs-freundliche Seite ...*

EH Ja, sie haben beides: das Freundliche und das monströs Unangenehme.

JBJ *Hat es nicht auch mit dem Gegensatz Künstlichkeit und Natur zu tun?*

EH Ja, schon, aber dieser Gegensatz ist in erster Linie ein inhaltlicher. Zwischen der unschuldigen Topfpflanze und der Militäruniform.

JBJ *Zu komplex, um einfach lieblich zu sein. Wo wären die lieblichen Blumen in der Ausstellung?*

EH Vielleicht bei **Regula Dettwiler** mit ihren botanischen Blättern? Auf ihrem Blütenaquarell liest man klein am Rand den Hinweis: »Cherry Blossom – Made in China – Tokyo«. Im Mittelpunkt ihrer Arbeit steht die ästhetische Reproduktion von Natur. Sie imitiert die Darstellungsweise der Naturforscher des 19. Jahrhunderts; wie diese zerlegt sie die Pflanze in ihre einzelnen Bestandteile. Doch ihre Aquarelle zeigen sezierte Plastikblumen. Dabei spielt sie mit unseren Sehgewohnheiten und weiß um unsere Unwissenheit. Sie lässt uns Künstliches natürlich und Natürliches künstlich erscheinen. Von

Regula Dettwiler werden auch andere Arbeiten zu sehen sein, »verzierte« Zierpflanzen, z.B. ein Gummibaum mit Textilbordüre.

JBJ *Der Gummibaum ist so in unseren Alltag integriert, dass er zum naturlosen Gegenstand geworden ist. Wir erkennen ihn wieder als Teil der Natur, wenn ihm diese Künstlichkeit von Neuem »aufgepfropft« wird.*
Unter den Begriffen, die wir genannt haben, kam auch das Fantastische vor. Wen würden Sie zu dieser Kategorie zählen?

EH **Katya Bonnenfant.** Ihre Installation »Motif fleuri« zeigt eine Art Wohnzimmer mit Tapete. Ihr florales Motiv durchwuchert gleichsam den ganzen Raum. Dazu zeigt sie zwei Animationen, in denen Pflanzen zum Leben erweckt werden. Die Animation pendelt zwischen floralem Ornament und unkontrollierbarem Monster.

JBJ *Es gehört zu ihrer Strategie, die Grenzen zwischen den leblosen Objekten und den biologischen Wesen zu überwinden, indem sie die Ornamentik von dem einen Bereich in den anderen nahtlos fortsetzt. Dadurch bringt sie uns so aus dem Gleichgewicht, dass ein von ihr transformierter Raum zu einem kleinen, vollständig neuen Universum wird, in dem die Regeln des Lebens andere sind.*

EH Ja, diese Verwandlung macht das Fantastische bei ihr aus! Aber auch ihren Stil als Zeichnerin kann man dem Genre des Fantastischen zuordnen.

JBJ *Stellen diese fantastischen Ornamente nicht auch serielle Muster dar? Wer würde noch in diese Kategorie des Musters hineinpassen?*

EH **Katie Holten.** Während ihrer Reisen häkelt sie sozusagen florale Muster mit schwarzer Wolle. Ihre Arbeit »137,5°« von 2002 besteht aus 150 Einzelstücken, die sie als große Wandzeichnung installiert und der jeweiligen Situation anpasst. Jedes Stück ist unterwegs, über einen Zeitraum von sechs Monaten, entstanden; die Größe richtet sich nach der Länge der Reise. Es sind schwarze Ornamente, die ihre eigene Geschichte erzählen. Es sind auch traurige Blumen, die vom Abschiednehmen und Unterwegssein erzählen. So etwas wie schwarze Stillleben, die dem Zeitvergehen unterworfen sind ...

JBJ *Wen rechnen Sie sonst zur Kategorie Stillleben?*

EH **Luzia Simons.** Ihre Scannogramme zeigen das alte Genre Stillleben auf überraschend neue Weise. Die exakte Abbildung und extreme Vergrößerung der Tulpenblüten fasziniert und irritiert durch starke Präsenz und Detailgenauigkeit, dies wird durch das Fehlen eines Bildzentrums noch verstärkt. Durch das Scannen entsteht ein absolut präziser und scharfer Eindruck von Nahem, während weiter Entferntes den Blick in die unendliche Tiefe lockt.

JBJ *Ja, in die Tiefe und in das Unscharfe. Sind es liebliche Blumen?*

EH Nein, sie sind betörend schön. Die Blüte wird im Augenblick ihrer absoluten Schönheit festgehalten. Dies kann der Zeitpunkt des Verblühens ebenso wie des Erblühens sein.

JBJ *Ja, die neuen Technologien machen dies möglich. In diesem Zusammenhang, was können Sie mir zu der Arbeit von* ***Keiko Takahashi*** *und* ***Shinji Sasada*** *sagen?*

EH Die japanischen Medienkünstler sind mit einem interaktiven Beitrag vertreten. »Diorama-Table« ist ein interaktives Angebot, spielerisch Bilder des Alltags zu gestalten. Auf einem gedeckten Tisch kann der Besucher Gegenstände bewegen, und dieser Akt beeinflusst die miteinander interagierenden Bildwelten, die sich auf dem Tisch abzeichnen. Florale Bilder, von der Blume am Straßenrand bis zu erblühenden Landschaften und vieles mehr ...

JBJ *Diese Arbeit gehört zur Kategorie des »Erzählerischen«. Der Diorama-Tisch gibt aber die Logik der Interaktion nicht preis.*

EH Es gehört zur spielerischen Dimension der Arbeit, dies als Mitspieler selbst herauszufinden. In der Idealvorstellung der Künstler setzen sich mehrere Menschen an den Tisch und lassen Geschichten entstehen.

JBJ Auf wen trifft das »Erzählerische« noch zu?

EH Die Videoinstallation »The Four Seasons of Veronica Read« von **Kutlug Ataman.** Ein Jahr lang hat er eine Frau begleitet, die in ihrer winzigen Wohnung – in einem Vorort von London – mit 900 Amaryllen lebt. Er hat detailliert die Pflege der Pflanzen und die Zuwendung dieser Frau zu ihren Pflanzen gefilmt und sie interviewt. Dabei erfährt man natürlich mehr über die Frau als über die Amaryllis. Das Porträt wird auf vier eigenständigen Videos gezeigt, die nach den vier Jahreszeiten gegliedert sind. Die Pflanze in der Intimität des alltäglichen Lebens ...

JBJ Zwischen Kitsch, Ornament, Liebe zur Natur, Künstlichkeit und Alleinsein?

EH Ja, die Pflanzen werden als Vorwand benutzt, um die Geschichte einer Frau zu erzählen. Auch die Arbeit »eingeschneit, aufgeblüht, abgereist«, sechs Fotografien von **Eva-Christina Maier,** lässt sich hier einordnen. Es ist eine bildhafte Erzählung, entstanden im Laufe eines Jahres am Walensee in der Schweiz. Hier kommen ihre ambivalenten Eindrücke gegenüber diesem Ort zum Tragen. Es ist die Erfahrung von Naturidylle, Einsamkeit und Fremdsein.
Bei Nings Videoloop »Trost des Frühlings« gehört in dieselbe Kategorie. Sein Video soll eine Ode an Charles Darwin sein.

*JBJ Bei der Arbeit »Gebinde« von **Christine Ulm** mit ihren Auswüchsen aus Gips könnte man ja fast von Exodarwinismus sprechen!*

EH Ja, richtig, die »Gebinde« sind in Gips getauchte Blumensträuße, die sich in keulenartige Gebilde verwandeln. Neben diesen Objekten zeigt sie, auf Blättern abgebildet, die Pflanzen, die sie in den Keulen eingeschlossen hat. Sie benutzt für diese Bilder lichtempfindliches Papier, worauf sie die Blumen legt. Das Sonnenlicht zeichnet die Blumen selbst auf das Papier.

JBJ Hier haben wir ein französisches Duo ...

EH **Alain Sonneville & Pierre-Claude De Castro** mit einer gemeinsamen Arbeit »The Big Sleeps!« aus der Serie »Interpassives Nichtstun«. Beide

Künstler befassen sich auf humorvolle Weise mit dem Thema Zeit. Mit dem Wachsen und Verwelken von Gras und Blumen wird das Wachsen der Bärte beider Künstler gemessen. Dies wird träumerisch auf großformatigen, so genannten Hologrammen festgehalten.
Ebenso inszeniert, sind die Fotografien von **Nathalia Edenmont** mit ihren präparierten Blüten. Ihre Blumen mit Eidotter oder ihre Blütenblätter aus Schmetterlingsflügeln haben eindeutig symbolhafte Bezüge.

JBJ *Es ist eine interessante Form von Künstlichkeit, denn dieses Eigelb hat natürlich nichts Künstliches an sich. Aber hier hingesetzt, verleiht es der Situation einen überinszenierten Charakter, der etwas Surreales an sich hat. Eine Gegenüberstellung von botanischer und zoologischer Fruchtbarkeit.*

EH Und im Park entsteht momentan das von mir kuratierte Projekt **Experiment Schrebergarten** mit Studenten der Fakultät für Gestaltung der Hochschule Pforzheim. Künstlerisch betreut von Prof. Isabel Zuber und Andi Gut. Eine Schrebergartensiedlung wird neben dem Museum aufgebaut und Studenten zur Verfügung gestellt. »Kunst treibt Blüten« wird hier in die Tat umgesetzt. Die Siedlung soll ein Ort künstlerischer Auseinandersetzung werden. Die Gartenhäuser können Ausstellungsort, Atelier oder künstlerisches Objekt zugleich sein, eine kleine kreative Siedlung soll »sprießen«.

JBJ *Jetzt sind wir am Ende unseres Rundgangs. Haben Sie Dank für das Gespräch.*

English summary

P. 70 – 78: Naturalistisch? Kitschig? Abstrakt?

Naturalistic? Kitschy? Abstract?

A Fictitious Tour through Contemporary Art
at ›Art is Flowering‹

Elisabeth Heine, curator and artist,
talks to Jean-Baptiste Joly, director of
Akademie Schloss Solitude

Jean-Baptiste Joly (JBJ) *How was the theme of the exhibition arrived at?*

Elisabeth Heine (EH) What settled the matter was a book by Emil Riester published in 1880. A professor at what was then the Arts and Crafts School in Pforzheim, he designed an extraordinary drawing book in which he combined botanical drawings with jewellery designs. On each page there are naturalistic drawings of plants and corresponding ideas for jewellery. That book was the starting point for the idea of confronting floral motifs in contemporary art with cutting-edge floral art jewellery.

JBJ *The exhibition and publication could have been limited to contemporary art jewellery but thematically the show is also open to contemporary art.*

EH From the art historical standpoint, flowers and plants are a widespread, recurrent motif, this is equally true of both the fine and the applied arts. At the Reuchlinhaus we have the unique opportunity of being able to show ›Blooms as the Subject of Artistic Reflection‹ from both areas in the rooms of the Kunstverein and the Jewellery Museum.

JBJ *These two areas are also represented in your own work. You work as a jewellery designer and artist and for this project you're curating contemporary art. What would be the key words you would use to describe the works shown?*

EH The floral motif accompanies all the changing and manifold discourses of contemporary art. They range from the naturalistic to the abstract, through the ornamental to the fantastic and symbolic, from landscape to still life, all the way to pictorial narrative and even kitsch.

»Stockage 16«
400 × 245 × 2 cm (in 4 Teilen/*in four parts*)
Ultrachrome Digitaldruck auf Aluminiumverbund, Klarlack/
Ultrachrome digital print on aluminium alloy,
colourless lacquer

Luzia Simons

»Stockage 49«
70 × 280 × 3 cm
C-Print auf Aluminiumverbund, Acrylglas /
Colour print on aluminium alloy, fibre-glass
Courtesy Galerie Vero Wollmann, Stuttgart

Luzia Simons

»Pusteblume« [*›Blow Flower‹ (Dandelion)*], 2007
Lichtinstallation im Außenbereich /
Outdoor light installation
Schmuckmuseum Pforzheim

Joachim Fleischer

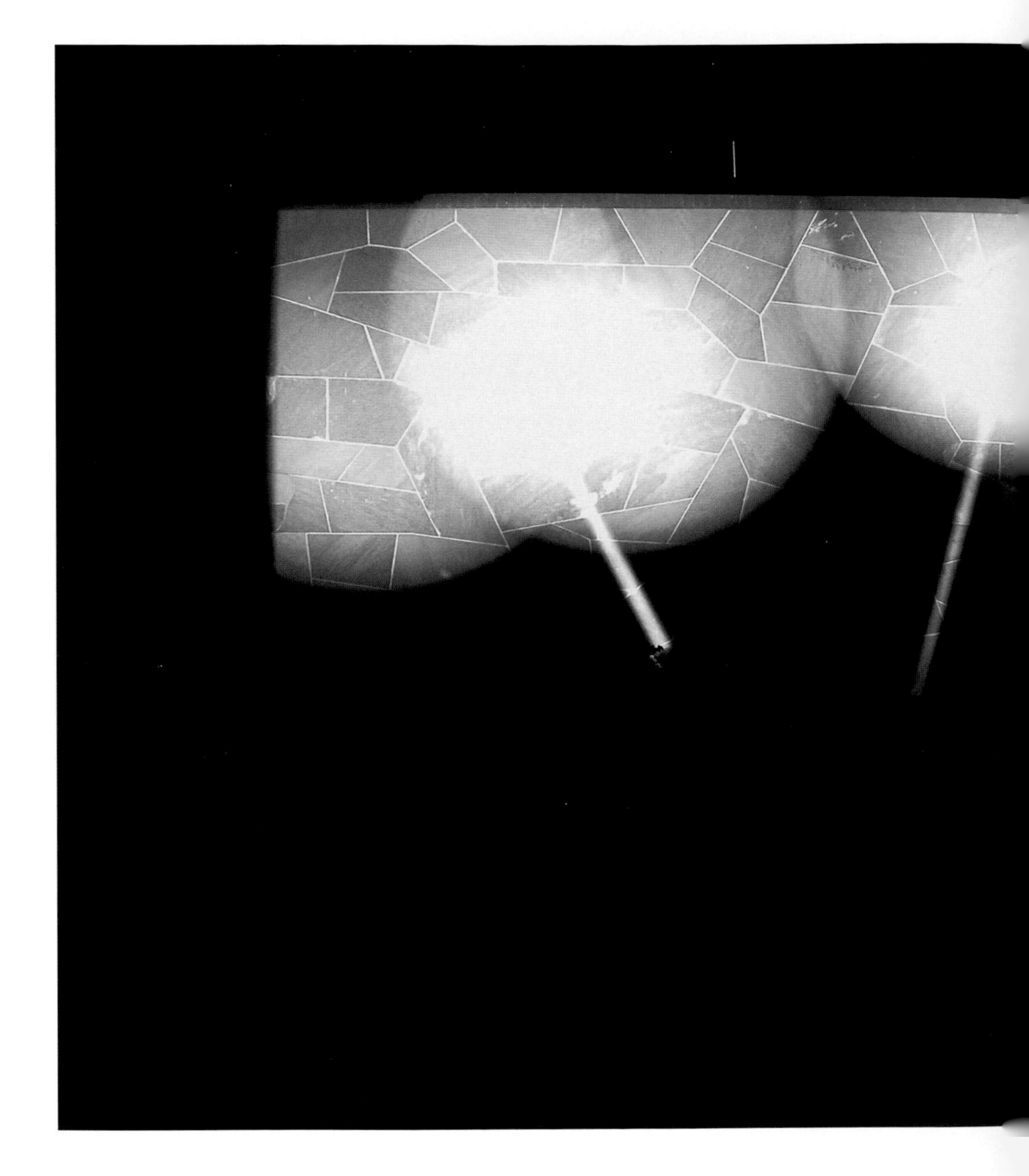

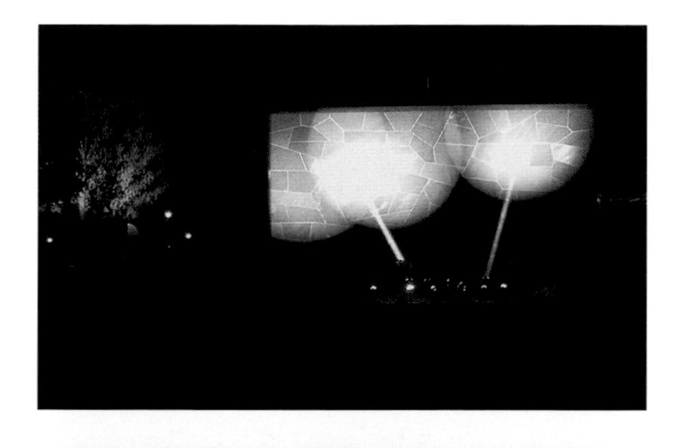

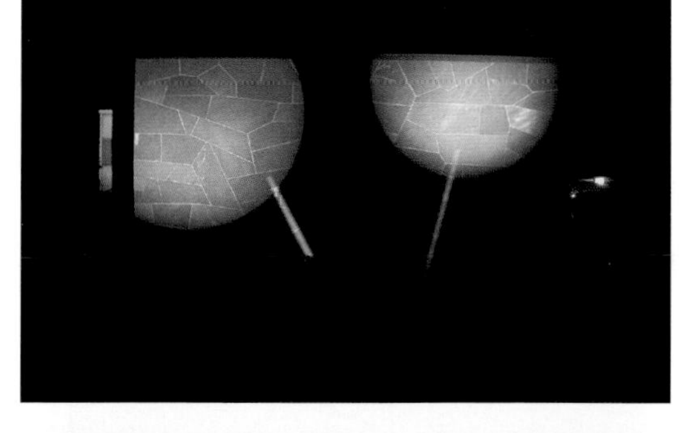

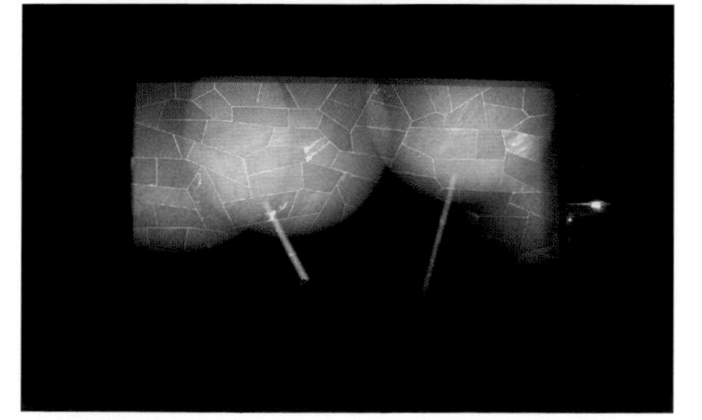

»Ebba«, Edition 2004
C-Print auf Perspex, Größe variabel/
Colour print on Perspex; size varies
Courtesy Wetterling Gallery Stockholm,
Nathalia Edenmont

Nathalia Edenmont

In Edenmonts Bilderwelt spielen Blumen eine ganz besondere Rolle. Als Zeichen für Schönheit, Weiblichkeit und Vergänglichkeit weit verbreitet, wird dem vertrauten Symbol in Edenmonts Stillleben neues Leben eingehaucht. In die Mitte der Blüte platziert die Künstlerin ein Auge oder ein Eigelb, das den Blick des Betrachters irritiert und auf ihn selbst zurückwirft. Die Zurschaustellung des Objekts zur reinen Lust des Betrachters wird dadurch gebrochen.

Die Eigelbe verstärken die Assoziation von Blumen mit Weiblichkeit und Fruchtbarkeit. Doch durch die Exponierung im Kunstwerk wird auch deutlich, dass aus diesem Eigelb kein Küken mehr schlüpfen wird. Die nahe Verbindung von Schönheit und Tod wird dem Betrachter schmerzhaft vor Augen geführt.

Die Sehnsucht, das Schöne im Bild zu bannen, wird in Edenmonts Werken *ad absurdum* geführt. Von der oberflächlichen, glänzenden Schönheit verführt, dauert es nicht lange, bis sich die Doppelbödigkeit der Bilder erschließt, die durch das Zusammenfügen von Dingen entsteht, die nicht zusammen gehören.
Simone Schmid

Flowers play a very special role in Edenmont's pictorial cosmos. In Edenmont's still lifes, new life is breathed into the familiar symbol that is so widespread as a sign for beauty, femininity and transience. At the centre of a flower, the artist places an eye or an egg yolk to distract the viewer's gaze and force him back on himself. Thus displaying an object for the sheer delectation of the viewer is disrupted.

Egg yolks reinforce the association of flowers with femaleness and fecundity. However, exposing it to view in an art work also makes it obvious that no chick will ever hatch from this particular yolk. The close proximity of beauty and death is made painfully clear.

The yearning to capture beauty in an image is reduced to absurdity in Edenmont's work. Initially seduced by this superficial, glittering beauty, the viewer soon recognises the ambiguity of the images, which is created by assembling things that do not belong together.
Simone Schmid

»Maj«, Edition 2004
»Love«, Edition 2005
C-Print auf Perspex, Größe variabel/
Colour print on Perspex; size varies
Courtesy Wetterling Gallery Stockholm,
Nathalia Edenmont

Nathalia Edenmont

»137.5°«, 2002
Gehäkelte Wolle und Nägel/*Crocheted wool and nails*
Courtesy VAN HORN, Düsseldorf

Katie Holten

Die Wandarbeit besteht aus über 150 Einzelstücken, die über einen Zeitraum von sechs Monaten entstanden sind. Jedes Stück wurde unterwegs gehäkelt, die Größe der Einzelteile hängt daher unmittelbar mit der Länge der jeweiligen Reise zusammen.

This wall-piece consists of over 150 individual pieces made over a period of six months. Each piece was crocheted while the artist was travelling. Consequently, the size of a piece depends entirely on the length of the trip during which it was made.

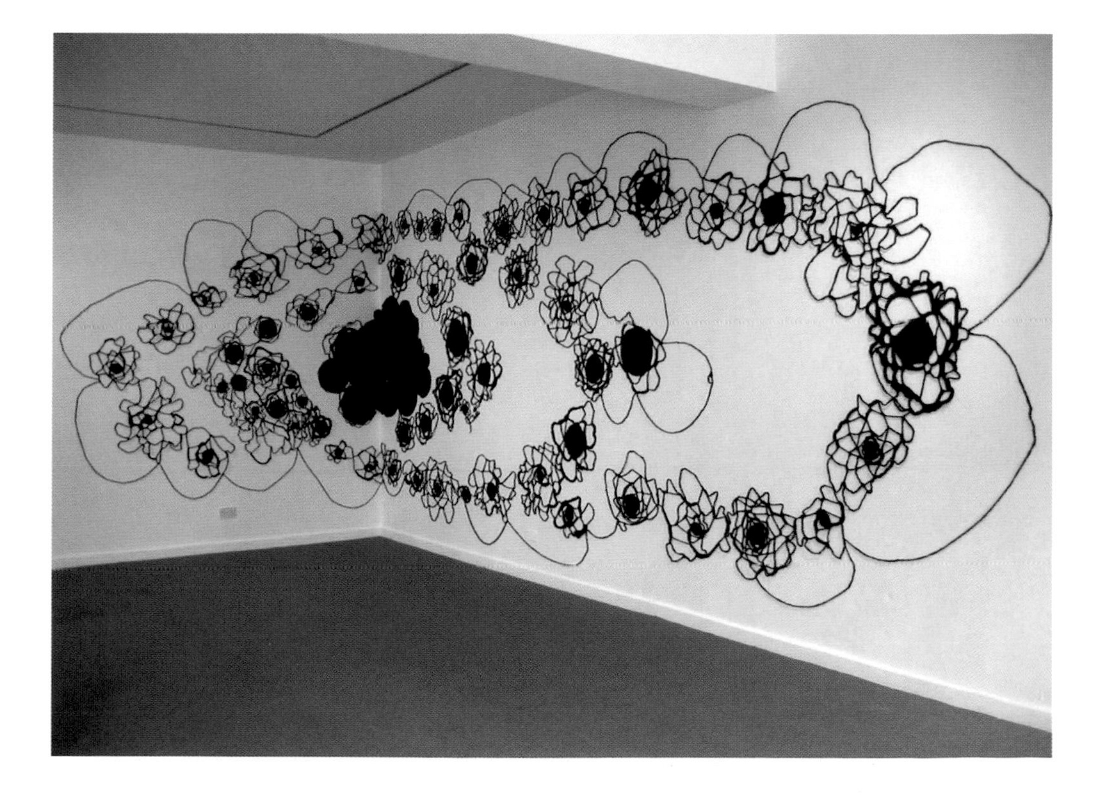

»Louis I und Louis II« [*›Louis I and Louis II‹*], 2004
Installation mit Pflanze und Textilbordüren /
Installation with plant and cloth edging
Schloss Hetzendorf, Wien

Regula Dettwiler

Regula Dettwiler

Ohne Titel [*Untitled*], 2005
Aquarelle / *Watercolour*
77 × 56 cm

Ohne Titel [*Untitled*], 2005
Aquarelle / *Watercolour*
112 × 77 cm

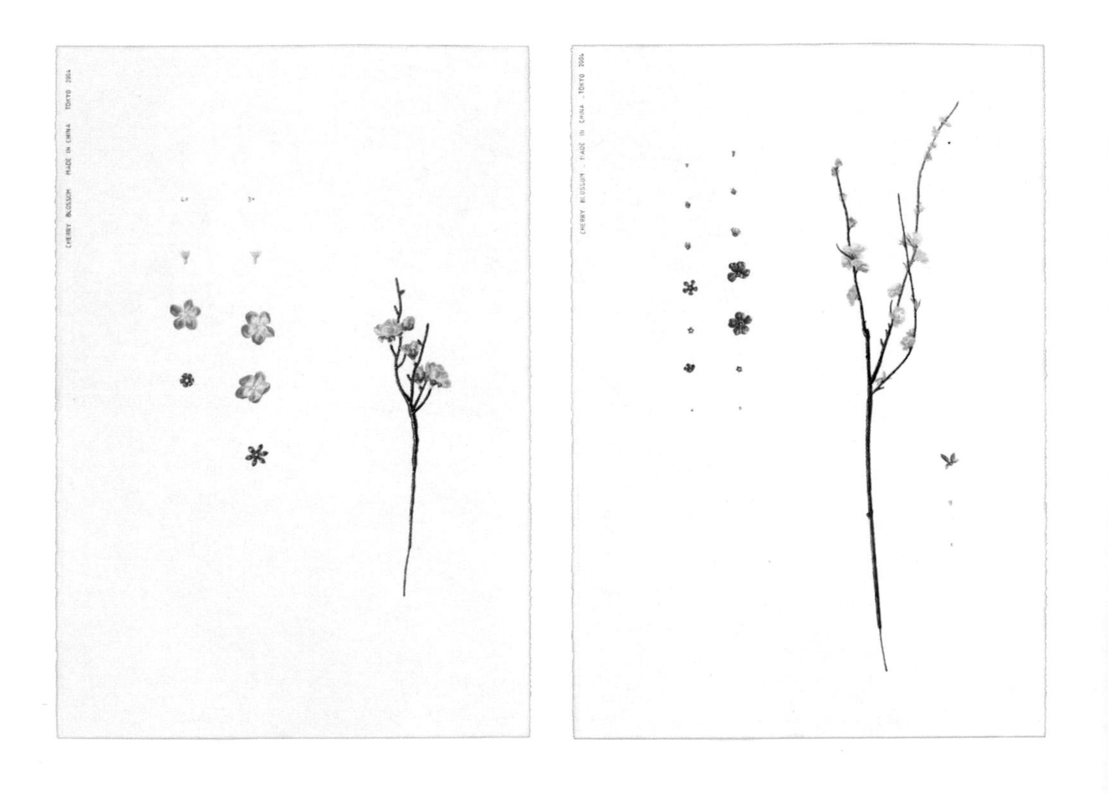

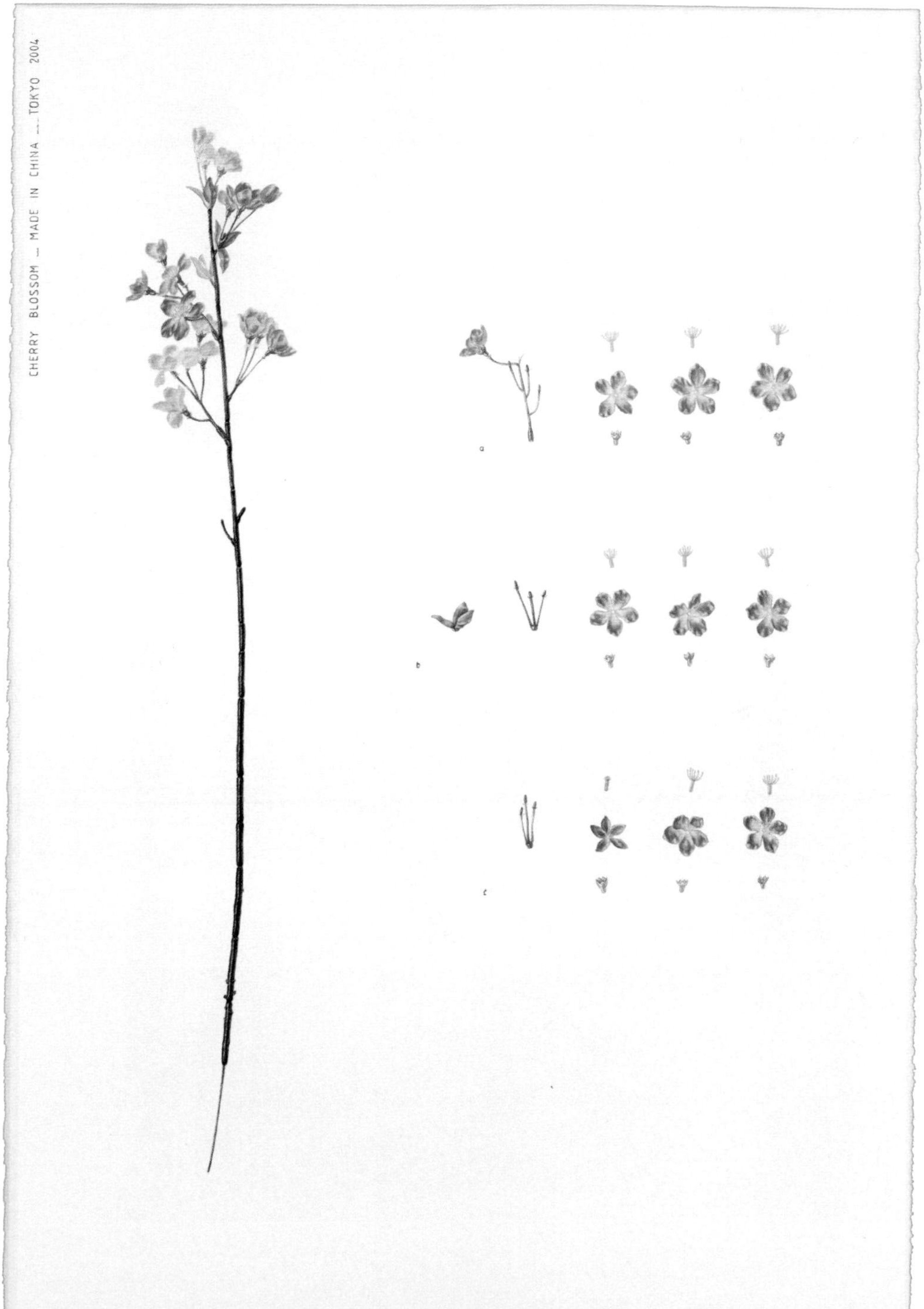

CHERRY BLOSSOM _ MADE IN CHINA _ TOKYO 2004

a

b

c

»Altrhein« [›*The Old Rhine*‹], 2006
Bleistift auf Papier / *Pencil on paper*
65 × 50 cm

»Vom Gärtnern« [›*Of Gardening*‹], 2007
Bleistift auf Papier / *Pencil on paper*
50 × 65 cm

Stefan Kunze

»Ohne Titel« [*›Untitled‹*], 2005
Acryl, Öl, Lack auf Acrylglas /
Acrylic, oils, lacquer on fibre-glass
185 × 275 cm (jeweils / *each*)
Courtesy Kuttner Siebert Galerie, Berlin

Stefan Sehler

»eingeschneit, aufgeblüht, abgereist«
[›*snowed in, blossomed, departed*‹], 2004
6 Light Jet prints auf / *on* Aluminium
40 × 60 cm (jeweils / *each*)

Eva-Christina Meier

»Gebinde«, 1995 / 2007
(Cardo Mariano, Puerro Silvestre, Rabanillo, ...)
Pflanzen, Gips, Papier / *Plants, plaster, paper*
variable Größen / *variable sizes*, ca. 75 × 30 × 30 cm

Christine Ulm

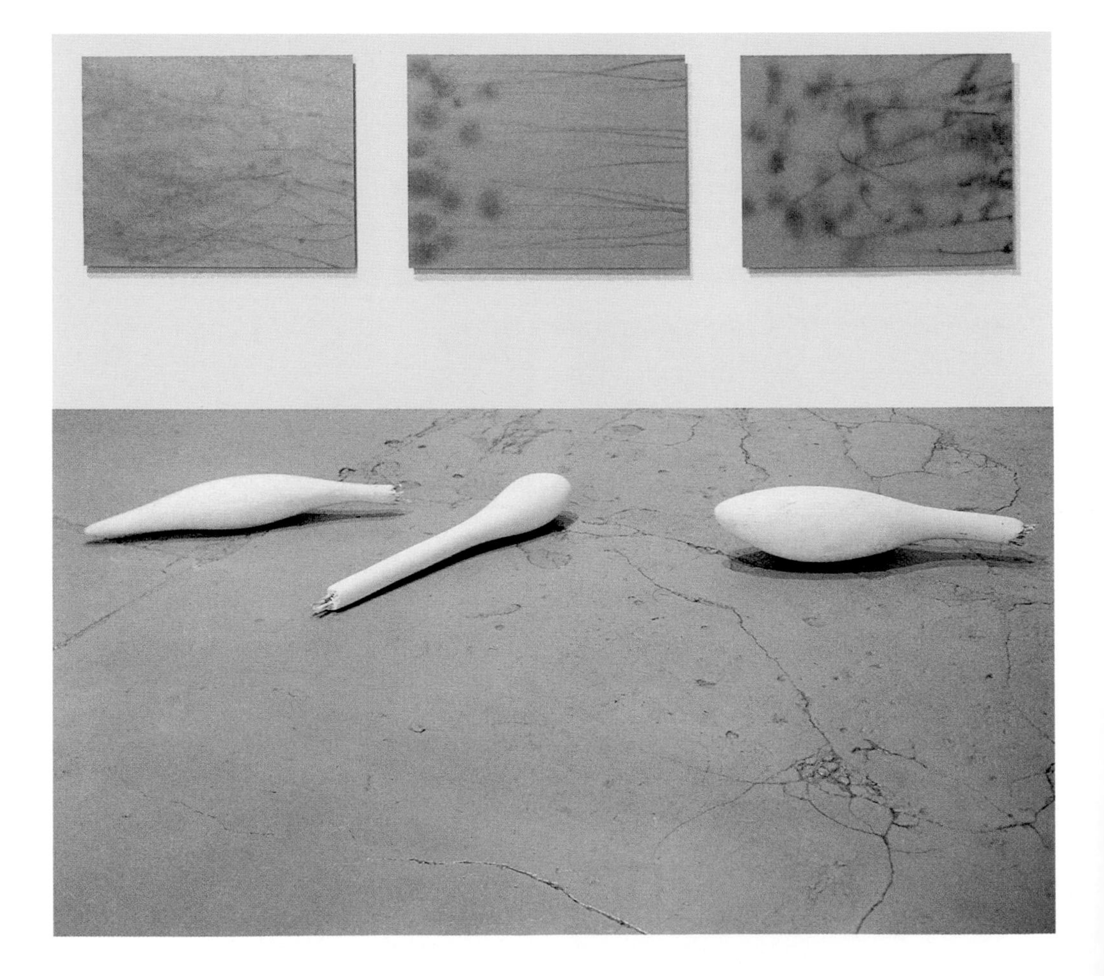

»Neue Kulturen« [*›New Cultures‹*], 1997
160 × 400 × 400 cm
Genäht aus Camouflage-Stoff, Feinripp-Unterhose und holografischem PVC /
Sewn together camouflage material, finely ribbed underpants and holographic PVC
Courtesy Collection Frac Alsace, Sélestat, Galérie Art Attitude Hervé Bize, Nancy

Peter Rösel

Kutlug Ataman

»The Four Seasons of Veronica Read«
Videoinstallation aus vier Leinwänden, die einen quadratischen begehbaren Raum bilden; zum ersten Mal gezeigt auf der Documenta XI (2002) in Kassel/
Video installation of four screens that form a square room visitors can enter; first shown at documenta XI (2002) in Kassel
Leihgabe Pinakothek der Moderne, München

»motif fleuri« [»Blumenmuster«/›*Floral Motif*‹], 2007
Installation mit Tapete und Animationsfilm
Installation with wallpaper and animated cartoon film

Katya Bonnenfant

»Lente Troost«
[»Trost des Frühlings« / ›*Solace of Spring*‹], 2007
DVD, 3 × 10" loop

Bei Ning

»Diorama Table«, 2003
Interaktive Tischinstallation/
Interactive table installation

Keiko Takahashi/Shinji Sasada

»The Big Sleeps!«, 2002/2007
Hologramm / *Hologram*
40 × 60 cm (jeweils/*each*)

Alain Sonneville & Pierre-Claude De Castro

Wenn man vom großen Schlaf spricht,
werden manche sagen, damit sei der Tod gemeint
Aber hier geht es nicht um den Tod
Es geht um das Vergnügen
Um den großen Schlaf
von Alain Sonneville und Pierre-Claude De Castro
Ein Nickerchen im Freien, im Garten,
neben welkenden Blumen
Sie haben sich hingelegt, bis ihnen der Bart wuchs
Aber seht mit eignen Augen, was ich euch erzähle
schaut euch die Bilder an, Freunde
Sie haben lange geschlafen inmitten der Blumen
der eine in der Wohnung, der andere im Garten
Im Schlaf wuchsen ihnen die Bärte
Vermutlich hatten sie auch Träume,
während sie so tief schliefen inmitten all der Blumen
Vielleicht träumten sie von einer Reise
von einer Strecke, die sie zurückzulegen haben
Vielleicht haben sie aber auch von ihren Frauen
geträumt
Wohl deshalb haben sie so lange geschlafen
Deswegen schliefen sie so viel

Improvisierte Live-Interpretation des kamerunischen Geschichtenerzählers Joli Bébé vor den Bildern von »The Big Sleeps!«, die am 6. Februar 2002 im Französischen Kulturzentrum von Duala projiziert wurden.

The big sleep you mean
Some tell you say it's death,
But here it isn't death
It's pleasure,
the big sleep
of Alain Sonneville and Pierre-Claude De Castro
Sure rest under the sky in wilting flower gardens
Where they spent such a long time they grew beards
Before I say something to you from the mouth
Haven't you also seen with your eyes?
Look at my brothers in the picture
They have slept a long time amid the flowers,
One chooses the flat, the other the garden
Before going into the garden to sleep
he was neither fat nor bearded
they grew while sleeping.
Because deep sleep sometimes at least comes from dreams
While they were sleeping
like that amid the flowers
They might have dreamt of travelling
of the trip they would have to take
They might also even have dreamt of their wives
That's why they slept so long
That's why they slept so much

Off-the-cuff interpretation in public by Joli Bébé, story-teller from Cameroon, on the pictures in *The Big Sleeps!*, shown at the French Cultural Centre at Douala on 6 February 2002.

»Experiment Schrebergarten«

Elisabeth Heine

Ein Projekt mit Studierenden der Fakultät für Gestaltung der Hochschule Pforzheim

Studierende / *Students*
Katharina Baur
Jasmin Hess
Satoshi Nakamura
Itamar Paloge
Laura Pregger
Nina Raitano
Sofia Schaffstein
Despo Sophocleous
Vivi Touloumidi
Susanne Wolbers
Marion Kasper
Thomas Lupo
Patrick Hubbuch
Mirjam Hiller
Dennis Rohm
Mike Trautz

Dozenten / *Instructors*
Prof. Isabel Zuber
Andi Gut

Kurator / *Curator*
Elisabeth Heine

Organisation / *Organisation*
Tamara Grüner

»Experiment Schrebergarten«
Ein Projekt mit Studierenden der Fakultät für Gestaltung der Hochschule Pforzheim

Eine Schrebergartensiedlung mit zehn Gartenhäusern wurde neben dem Museum errichtet und steht Studierenden vor und während der Ausstellung »Kunst treibt Blüten« zur Verfügung. Es ist ein Angebot, sich »vor Ort« mit dem floralen Motiv auseinander zu setzen. Hier »sprießt« temporäre Kunst im öffentlichen Raum, die Bezug nimmt zur Ausstellung nebenan. Die scheinbar biedere Schrebergartensiedlung steht im krassen Gegensatz zur modernen Architektur des Museums. Ein räumliches Spannungsfeld baut sich auf, die Siedlung wird zu einem Ort der Kommunikation und Interaktion: Die Hütten können Ausstellungsort, Atelier oder künstlerisches Objekt zugleich sein, dabei ist ein interdisziplinärer Ansatz erwünscht. »Kunst treibt Blüten – florale Motive in Schmuck und zeitgenössischer Kunst« wird in die Tat umgesetzt.

Künstlerisch betreut wird das Projekt von Prof. Isabel Zuber (Kunst) und Andi Gut (Dozent für Schmuck und Objekt der Alltagskultur).

Wir wollen den Prozess vom Machen, das Generieren von Formen und Objekten für die Besucher sichtbar machen. Ausgangspunkt dieser »Züchtungen« sind unsere Nachforschungen nach den Grundbausteinen des organischen Wachsens, wie sie schon Ernst Haeckel, ein einflussreicher Biologe gegen Ende des 19. Jahrhunderts, aufzuzeigen versuchte. (Andi Gut)

Die Hütten werden den Studierenden ohne weitere inhaltliche Vorgaben überlassen. Im Vordergrund stehen die individuelle Ideenfindung und die Vernetzungen, die sich aus dem Prozess der Arbeit nach und nach ergeben. (Isabel Zuber)

›Experimental Allotment‹
A project with students in the Design Department at Hochschule Pforzheim

An allotment settlement with ten garden houses has been set up next to the museum and has been made available to students before and during the exhibition ›Art is Flowering‹. It represents a chance to investigate the floral motif ›on site‹. Here temporary art ›is germinating‹ in a public space related to the exhibition next door. What might seem like a homely allotment settlement contrasts shrilly with the modern architecture of the museum. A charged spatial field is created; the allotment settlement becomes a place for communication and interaction: the huts can be an exhibition venue, studio or art object in one; an interdisciplinary approach is on the agenda. ›Art is Flowering – Floral Motifs in Jewellery and Contemporary Art‹ is translated into praxis.

The project is under the artistic supervision of professor Isabel Zuber (Art) and Andi Gut (Instructor in Jewellery and Object in the Culture of Everyday Living).

We want to make the process of making, generating forms and objects visible for visitors. The starting point for these ›cultivars‹ is our research into the ontology of organic growth as Ernst Haeckel, an influential late 19th-century biologist, tried to demonstrate it. (Andi Gut)

The huts will be turned over to the students without content being prescribed. Priority has been given to the invention of ideas by individuals and the networking that gradually evolves from the work in progress. (Isabel Zuber)

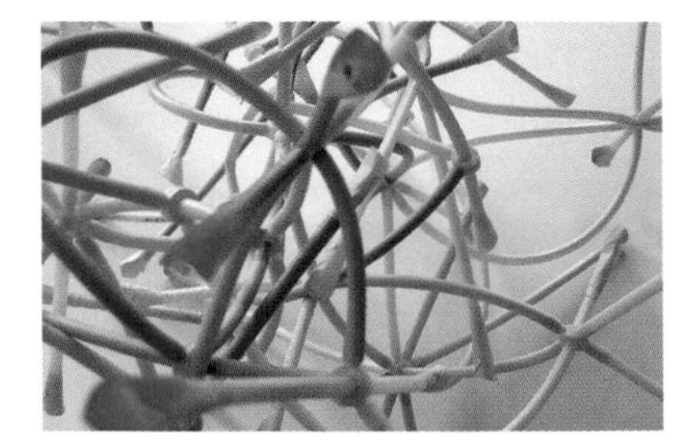

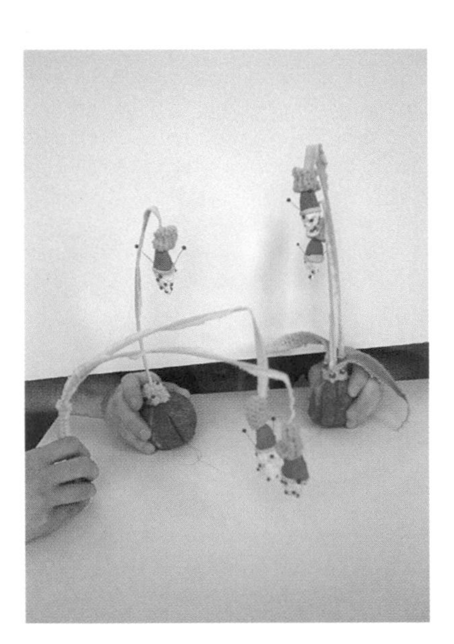

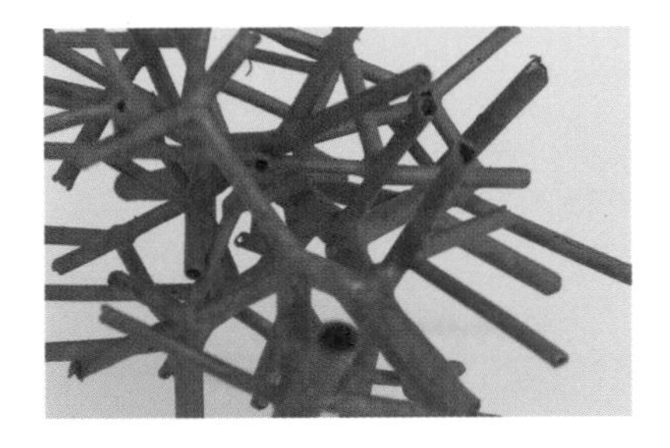

Seite / *Page* 116
Schmuck und Objekte der Alltagskultur
Dozent: Andi Gut

Seite / *Page* 117
FB Kunst
Prof. Isabel Zuber

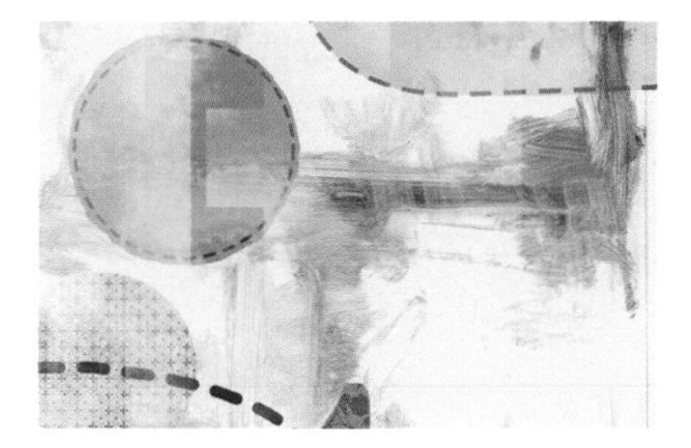

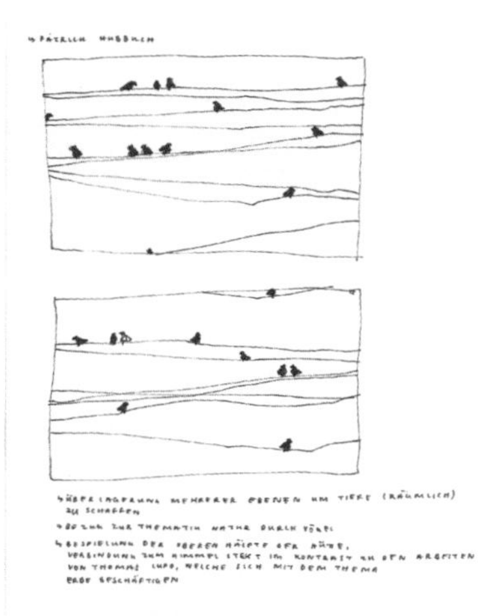

Kunst trifft Blüte Marion Kasper

1. Idee: von der Zeichnung → zur Collage
→ zur Bearbeitung der Hütte selbst
evtl. einfach Striche zeichnen, die irgendwann übergehen zur Collage mit Material! Dann die Collage in Hütte übergeht, z.B. Streifen raussägen

Zeichnung (Streifen) | Collage Streifen aus evtl. Stoff... | Holz der Hütte raussägen

2. Idee: viele Holzlatten in Hütte stellen, befestigen, dann Leinwand davor, als Labyrinth.
Leinwand → bemalen, zeichnen usw.
v. oben
Eingang Ausgang

3. Idee: Styroporlandschaft erschaffen, bemalen
Bett
Möbel aus Styropor
Bild aus Styropor
Tasse, ...

4. Idee: Dinge, wie Stuhl an Wand machen (mit Winkel anschrauben, ...)

oder wie Iglu darin gestalten aus Styropor?
oder alles weiß & Gummi, wie Gummizelle!
in viele Schichten aufbauen

Kultur-geschichte

Cultural History

3

English summary -> P. 131

Magische Pflanzen

Matthias Bumiller

Parallel zum Wissen um die Heilwirkung von Pflanzen existierte in allen Epochen auch der Glaube an deren Zauberkraft. Mit Hilfe dieser Zauberpflanzen hoffte man, die Erfüllung verschiedenster Menschheitsträume bewirken zu können: den Traum von einem langen Leben, von immerwährender Jugend und Schönheit, von erwiderter Liebe bis hin zum Blick in die Zukunft. Die Porträts von Alraune, Boramez und vom Entenbaum erzählen die Geschichten, die der Volks- und Aberglaube über sie hervorbrachte.

Alraune

»Männliche« Alraune oder Frühjahrsalraune / Mandragora officinarum L.
»Weibliche« Alraune oder Herbstalraune / Mandragora autumnalis Bertol.
auch: Erdmännchen, Galgenmännlein, Wurzelknecht, Diebeswurzel, Teufelsapfel, Armesünderblume, Pissedieb, Drachenpuppe, Henkerswurzel, Hundsapfel, Liebesapfel

Die Alraune gehört zu den Nachtschattengewächsen und ist sehr giftig. Ihre kurzstieligen Blätter bilden eine Rosette mit bis zu 40 Zentimetern Durchmesser. Die längs gespaltene fleischige Wurzel kann bis zu 60 Zentimeter lang werden. Sie kommt vor allem in Südeuropa, Nordafrika und im Nahen Osten vor und wächst an sonnigen Standorten, hauptsächlich auf

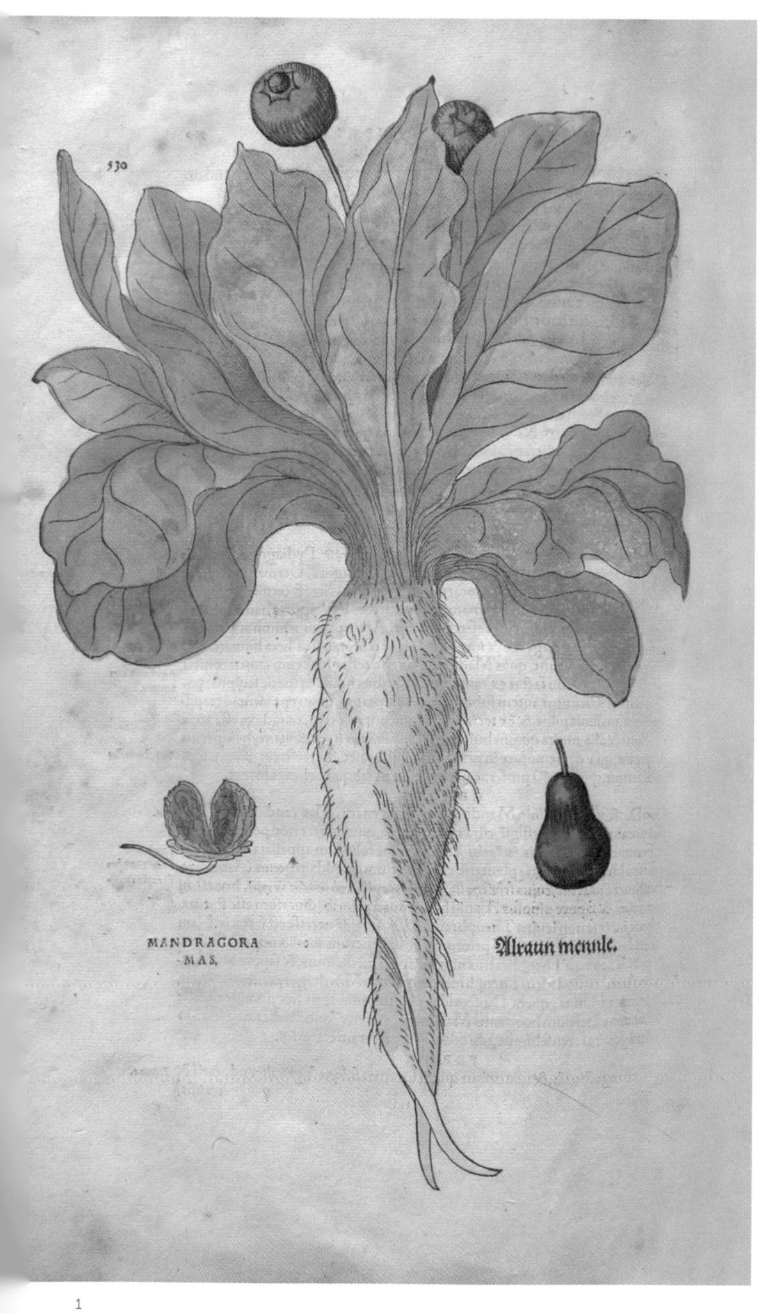

1

Abb. 1
»Männliche« Alraune / *›Male‹ mandrake*
Aus/*From:* Leonhart Fuchs, De historia
stirpium comentarii insignes,
Basel 1542

unbewirtschafteten Böden oder an Wegrändern. Die Alraune kann auch in Deutschland angepflanzt werden. Die »männliche« Alraune blüht im Frühjahr weißlich-grün bis gelblich. Ihre Früchte sind goldorange gefärbte, kugelige, fast pflaumengroße Beeren. Die »weibliche« Alraune blüht violett von September bis November. Ihre Früchte sind gelblich-braun.

Der Name Alraune entwickelte sich aus dem althochdeutschen *alrûn* und lässt sich mit dem gotischen Wort *rûna* (»Geheimnis«) in Verbindung bringen. Die Alraune ist sicherlich eine der unheimlichsten, gefürchtetsten und sagenumwobensten Zauberpflanzen überhaupt. Seit annähernd vier Jahrtausenden werden ihr magische und medizinische Eigenschaften zugeschrieben.

Jakob und Wilhelm Grimm beschrieben in ihrer Sagensammlung »Deutsche Sagen« von 1816 die Alraune und ihre Gewinnung folgendermaßen:

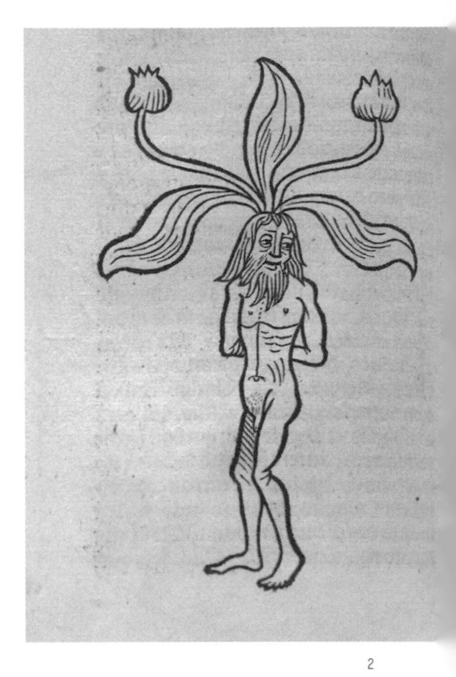

2

> *Wenn ein Erbdieb, dem das Stehlen durch Herkunft aus einem Diebesgeschlecht angeboren ist ... gehenkt wird und das Wasser läßt [seinen Samen auf die Erde vergießt], so wächst an dem Ort der Alraun oder das Galgenmännlein. ... Bei der Ausgrabung desselben ist große Gefahr, denn wenn er herausgerissen wird, ächzt, heult und schreit er so entsetzlich, daß der, welcher ihn ausgräbt, alsbald sterben muß. Um ihn daher zu erlangen, muß man, ... nachdem man die Ohren mit Baumwolle, Wachs oder Pech wohl verstopft, mit einem ganz schwarzen Hund, der keinen andern Flecken am Leib haben darf, hinausgehen, ... [die Alraune] mit einer Schnur dem Hund an den Schwanz binden, ihm ein Stück Brot zeigen und eilig davonlaufen. Der Hund, nach dem Brot gierig, folgt und zieht die Wurzel heraus, fällt aber, von ihrem ächzenden Geschrei getroffen, alsbald tot hin. Hierauf nimmt man sie auf, wäscht sie mit rotem Wein sauber ab, wickelt sie in weiß und rotes Seidenzeug [und] legt sie in ein Kästlein, ... Fragt man nun den Alraun, so antwortet er und offenbart zukünftige und heimliche Dinge zu Wohlfahrt und Gedeihen. Der Besitzer hat von nun an keine Feinde, kann nicht arm werden, und hat er keine Kinder, so kommt Ehesegen.*

In dieser Grimmschen Sage, die in großen Teilen auf Flavius Josephus' Beschreibung der Alraune in der »Geschichte des jüdischen Krieges« (75–79 n. Chr.) zurückgeht, findet man die wichtigsten Elemente des Alraunenglaubens: die Entstehung aus dem Samen bzw. dem Urin eines Gehängten, das schwierige Ausgraben der Pflanze, die menschenähnliche Gestalt der Wurzel und ihre magische Kraft.

In Achim von Arnims Erzählung »Isabella von Ägypten« von 1812 gelingt es dem Mädchen Isabella, eine Alraune nach der beschriebenen Methode zu gewinnen. Das Galgenmännlein verhilft ihr zwar zu Reichtum, entwickelt jedoch auch einen ganz eigenen Kopf. Heinrich Heine fasst in seinem Aufsatz «Die romantische Schule» (1334/35) das Geschehen folgendermaßen zusammen:

3

Diese Wurzel wächst unter dem Galgen, wo die zweideutigsten Tränen eines Gehenkten geflossen sind. Sie gab einen entsetzlichen Schrei, als die schöne Isabella sie dort um Mitternacht aus dem Boden gerissen. Sie sah aus wie ein Zwerg, nur dass sie weder Augen, Mund noch Ohren hatte. Das liebe Mädchen pflanzte ihr ins Gesicht zwei schwarze Wacholderkerne und eine rote Hagebutte, woraus Augen und Mund entstanden. Nachher streute sie dem Männlein auch ein bißchen Hirse auf den Kopf, welches als Haar, aber etwas struppig in die Höhe wuchs. Sie wiegte das Mißgeschöpf in ihren weißen Armen, wenn es wie ein Kind greinte; mit ihren holdseligen Rosenlippen küßte sie ihm das Hagebuttmaul ganz schief; sie küßte ihm vor Liebe fast die Wacholderäuglein aus dem Kopf; und der garstige Knirps wurde dadurch so verzogen, daß er am Ende Feldmarschall werden wollte, und eine brillante Feldmarschalluniform anzog, und sich durchaus Herr Feldmarschall titulieren ließ.

Da die Alraune in Deutschland nicht heimisch ist, galt sie als besonders wertvoll. So wundert es nicht, dass vor allem im Mittelalter Fälschungen aus den Wurzeln anderer Pflanzen, wie Zaunrübe, Enzian oder Wegerich, hergestellt und auf Märkten verkauft wurden.

Abb. 2
»Männliche« Alraune / *›Male‹ mandrake*
Aus/*From:* Ortus sanitatis,
Straßburg 1517

Abb. 3
»Weibliche« Alraune / *›Female‹ mandrake*
Aus/*From:* Ortus sanitatis,
Straßburg 1517

English summary -> P. 131

5

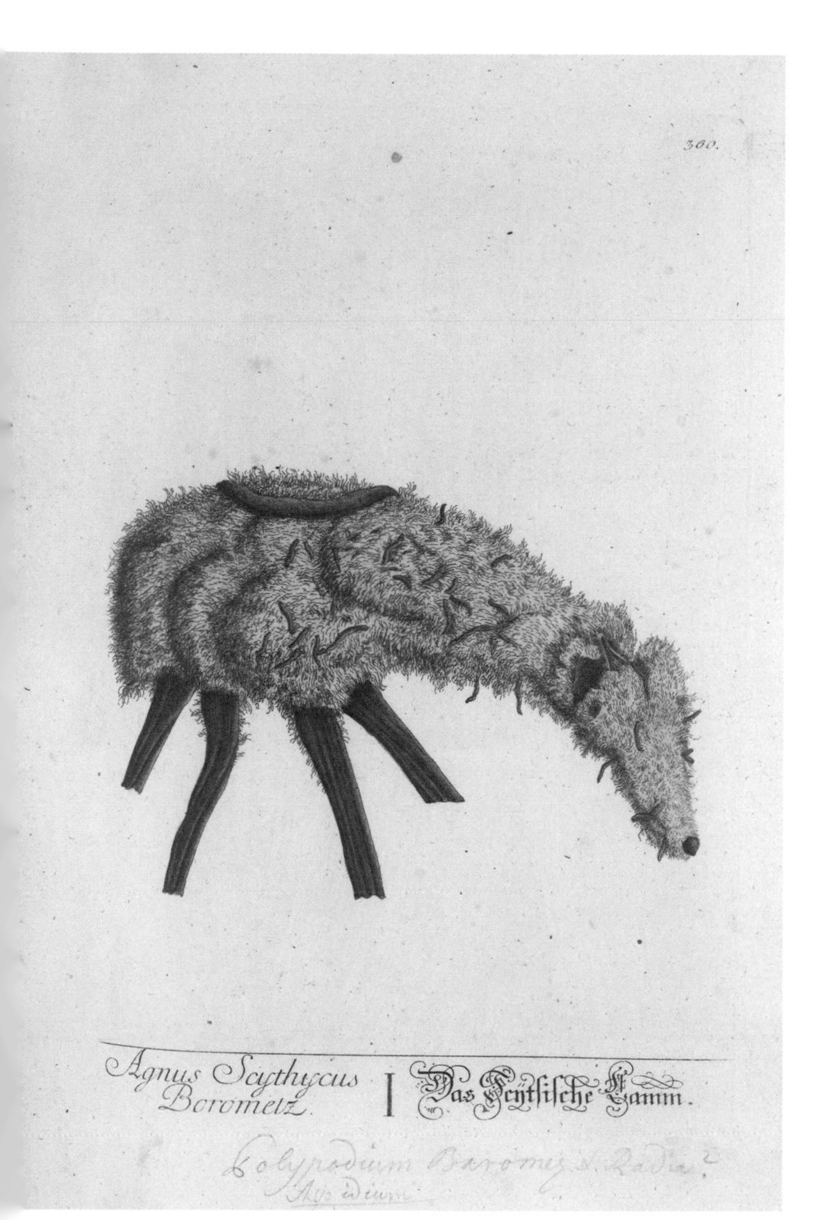

6

Abb. 5

Boramez / *Vegetable Lamb*

Aus/*From:* Matthäus Merian: Historia naturalis de arboribus et plantis, Heilbronn 1769

Abb. 6

Boramez / *Vegetable Lamb*

Aus/*From:* Elizabeth Blackwell: Herbarium Blackwellianum emendatum et auctum, Nürnberg 1750/1765/1773

Boramez/Agnus scythicus

auch: Baromez, Baranetz, Skythisches Lamm, Tatarisches Lamm, Papayaschaf, Jeduah

In einer Reisebeschreibung aus dem 16. Jahrhundert berichtet J.C. Scaliger, dass er »in der Tatarey, unweit Samara bey dem Wolga Flusse, ein besonderes Gewächs« gesehen habe: Es handle sich um die schafstragende Pflanze Boramez, auch Tatarisches Lamm genannt. Seiner Beschreibung nach wächst sie aus einem Kern, der dem der Melone gleiche. Die Frucht der Pflanze sei der Gestalt und der Beschaffenheit nach einem Lamm nicht unähnlich. Der Stiel wäre sozusagen die Nabelschnur. »Die krause Wolle aber, womit die Frucht überzogen ist, soll der Wolle eines neugebornen Lammes gleich kommen. Auch lasse sich das Fell wie die Schaffelle zubereiten und nutzen.« So sollen Kopfbedeckungen daraus gefertigt und kostbare Kleider damit verbrämt worden sein.

Es wurde erzählt, dass die Schafspflanze abzusterben beginnt, sobald das Lamm alles Gras in seiner Reichweite abgefressen habe. »Wenn man in die Frucht schneidet, so fließe ein blutroter Saft heraus. Die Wölfe sollen auch der Frucht nachstellen.«

Auch Hans Jakob Christoffel von Grimmelshausen erwähnt die Pflanze in seinem »Abentheuerlichen Simplicissimus Teutsch« (1667):

> *Ich hatte selbst von dem lieblichen Wundergewächs Borametz in der Tartarei gessen, und wiewohl ich dasselbe mein Tage nicht gesehen, so konnte ich jedoch meinem Wirt von dessen anmutigem Geschmack dermaßen diskurrieren, daß ihm das Maul wässerig davon wurde; ich sagte, es hat ein Fleischlein wie ein Krebs, das hat ein Farb wie ein Rubin oder roter Pfirsich und einen Geruch, der sich beides den Melonen und Pomeranzen vergleicht.*

Spätere Naturwissenschaftler bezeichneten all diese Berichte als tartarische Märchen. Bei der Pflanze soll es sich entweder um eine Art Farnkraut, ein Moos oder schlicht um Baumwolle handeln.

Entenbaum / Anatifera arbor

Peter Lauremberg schreibt in seiner »Acerra philologica, das ist, Sieben hundert außerlesene, nützliche, lustige und denckwürdige Historien ...« von 1688: »Es fällt mir ein Wunderding nach dem andern ein und ist die Natur so reich und überflüssig, dass man immer was neues findet ...«. In seiner vierundsiebzigsten »Historie« beschreibt er kleine runde »und auswendig weiße« Muscheln, die an Schiffen, Treibgut, vor allem aber an Bäumen wachsen, deren Äste ins Wasser reichen:

> *Die Muscheln, wann sie ins Wasser fallen, so kriechen daraus junge Vögel, welche hernach den Enten gleich werden an Grösse, Art und Federn. Und aufm Wasser schwimmen, sich von Fischen ernehren und oftmals bey hundert ja tausend sich zusammen rotten und weit hinfliegen.*

Zwar sei der Vogel eine Entenart, doch der Geschmack seines Fleisches sei »sehr fischhafftig« und würde zu den Fastenspeisen gezählt. Den Brauch, die sogenannte Bernikelente (auch Bernikelgans), wegen ihres vermeintlich pflanzlichen Urspungs, an Fasttagen zu verzehren, wollte Papst Innozenz III. auf dem vierten Laterankonzil von 1215 vergeblich verbieten. Im katholischen Irland hielt sich der Vogel als Fastenspeise bis ins 20. Jahrhundert. Es handelt sich dabei um die entenähnliche Ringelgans (Branta bernicla), ein Zugvogel, der in der arktischen Tundra brütet und auf seinem Weg in den Süden an der europäischen Atlantik- und Nordseeküste sowie auf den Britischen Inseln Station macht. Da die Küstenbewohner die Gänse nie brüten sahen, glaubten sie wahrscheinlich, die Vögel würden in Früchten vom Baum fallen.

Der Ursprung dieses Mythos' liegt jedenfalls im Dunkeln, lässt sich aber schon in den »Erzählungen aus Tausendundeiner Nacht« finden: Sindbad der Seefahrer erzählt darin:

> *... auf der Reise sah ich unzählbare Merkwürdigkeiten ..., auch Vögel, die aus einer Seemuschel hervorgehen und auf dem Wasser Eier legen und ausbrüten und nie das trockene Land betreten.*

English summary -> P. 131

7

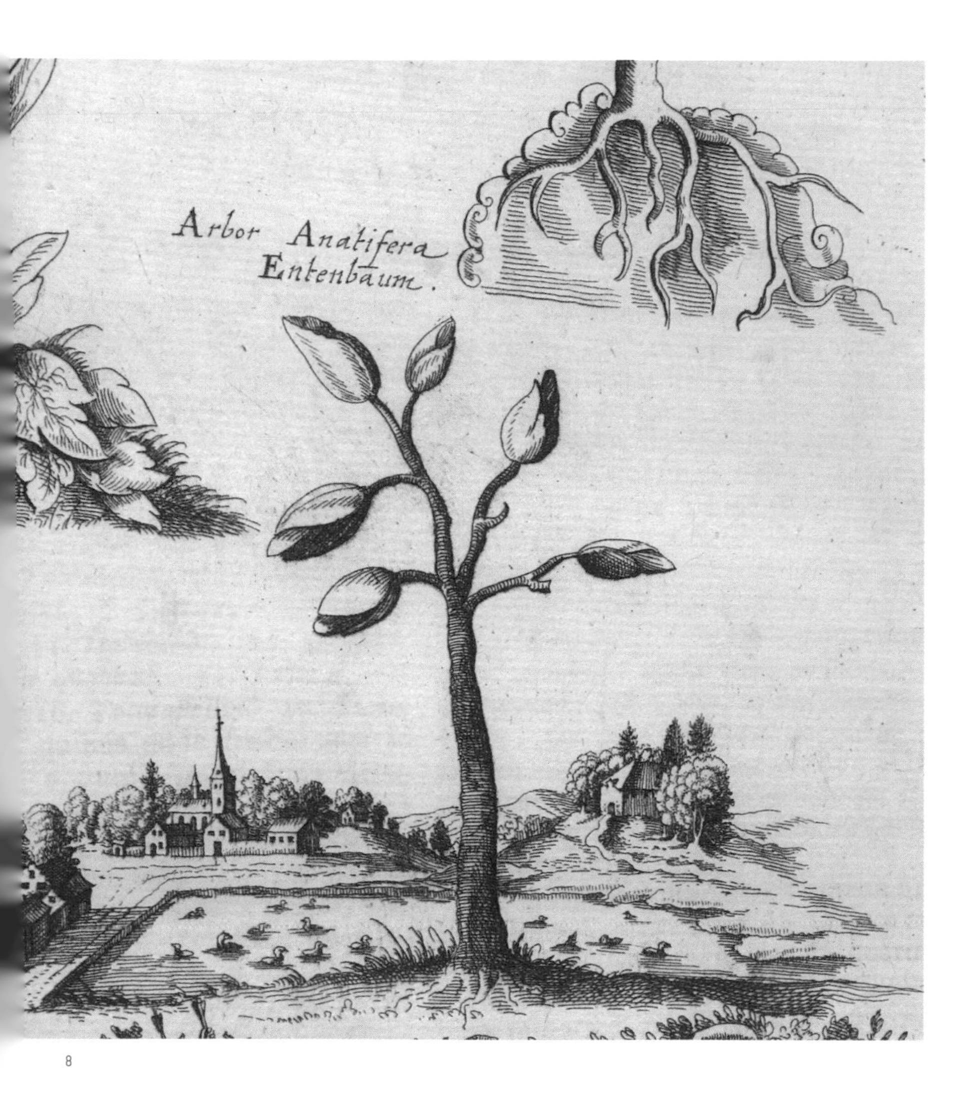

Abb. 7
Entenbaum / *Barnacle Goose*
Aus/*From:* Walter Ryff, Thierbuch. Von Art, Natur und Eygenschafft der Thiere, Frankfurt am Main 1545

Abb. 8
Entenbaum / *Barnacle Goose*
Aus/*From:* Matthäus Merian: Historia naturalis de arboribus et plantis, Heilbronn 1769

Um 1210 berichtet Gervasius von Tilbury in seiner mittelalterlichen Weltbeschreibung »Otia imperialia«, dass es an der Meeresküste von Kent weidenartige Bäume gebe, in deren Früchten Vögel wüchsen, die dann, größer gewachsen, ins Meer fielen. Und der schottische Gelehrte Hector Boethius schreibt 1526:

... so glaube ich, dass diese Gänse auf den Bäumen wachsen, mit den Schnäbeln daran hängend, ungefähr wie Äpfel und andere Früchte mit ihren Stielen an den Zweigen hängen.

Die Berichte fanden sogar Einzug in die Literatur. So lässt Guillaume de Saluste in seinem Gedicht »Die Erschaffung der Welt« [1578] Adam beim Anblick der vielfältigen Tierwelt sich wundern:

So wandelt eines Schiffes alte Planke,
in fliegende Enten sich – erstaunlicher Gedanke!

Und in Shakespeares »The Tempest« [1611] sagt Calban im 4. Aufzug, 5. Szene:

... wir verderben hier die Zeit, und werden zuletzt noch alle in Barnakel ... verwandelt.

Der eingangs erwähnte Peter Lauremberg kommentiert die Geschichten um den Entenbaum folgendermaßen:

Ich lasse andere disputieren und erforschen obs möglich sey. Und auf welche Art ein Tier könne auch eine Pflanze seyn. Das bekenne ich frei heraus, dass viel in der Natur geschieht, welches uns Menschen gar seltsam fürkömmt. Die Natur ... schickt sich nicht nach unserm Kopf ... sondern was wir in der Natur finden, davon müssen wir unsere Speculationes machen.

English summary

P. 120 – 130: Magische Pflanzen

Magical Plants

Matthias Bumiller

Down through history, a belief in the magical powers of plants has co-existed with knowledge of their therapeutical properties. With the aid of such magical plants, people hoped to fulfil all sorts of dreams: the dream of longevity, of eternal youth and beauty, of love requited to the ability to see into the future. The portraits of the Mandrake, Vegetable Lamb, and the Barnacle Goose, tell the tales about themselves brought forth by folklore and superstition.

The Mandrake is definitely one of the most mysterious, feared and legendary magical plants of all. It is said to grow only beneath a gallows where a hanged man has ejaculated. Digging up the Mandrake root, which is supposed to bring good luck and looks rather human in form, is associated with great danger. The cry of the plant when wrenched out of the ground is said to be horrible, indeed lethal if heard. Consequently, it is supposedly advisable to tie a dog to the Mandrake and let it pull the root up. The magical powers of the Mandrake root bring riches and good fortune to its owner.

If one believes 16th-century adventurers' accounts of their travels, a fruit grew in ›Tartary‹ near Samara in Russia on the Vegetable Lamb plant that was not dissimilar in shape and qualities to a lamb. Headdresses were said to have been made from the fuzz of the Vegetable Lamb which was also used to trim elegant garments.

Reports persisted on into the 18th century that trees bearing shell-like, glossy white fruits grew by the sea. As soon as the fruits dropped into the water, ducks (more specifically, geese) hatched out of them. The allegedly vegetable origin of these birds long made it permissible to eat them during Lent.

English summary -> P. 137

Ambulare floris!

Pilgergang auf vergänglicher Schönheit

Harald Haury

Ein Teppich aus Blumen bedeckt den Prozessionsweg über viele hundert Meter hinweg. Er führt von der Pfarrkirche durch die Gemeinde, um wieder am Gotteshaus zu enden. Das prachtvolle Band aus Gräsern und Blüten betritt allein der Priester. Geschützt von einem Baldachin trägt er die Monstranz mit der Hostie. Seine Ministranten, danach die Mitglieder von Vereinen und Zünften, ganze Familien, einzelne Gläubige und Festbesucher folgen zu beiden Seiten. An Stationsaltären wird unterwegs Andacht gehalten. Der Zug endet in der Kirche mit dem »Tantum Ergo«, den Schlussstrophen des alten eucharistischen Hymnus »Pange Lingua«.

Die Kirchenlehrer des antiken Christentums hatten sich noch überwiegend dagegen ausgesprochen, dem dreifaltigen Gott beim Herrenmahl mit Zweigen und Blumen gefallen zu wollen. Sie fürchteten die Nähe zum heidnischen Götterkult mit den bekränzten Häuptern der Priesterinnen und Priester und dem Blumenschmuck der Opfertiere. Die Haltung veränderte sich im Verlauf des Mittelalters. In der prachtvollen gotischen Kathedralkunst und in der scholastischen Theologie des 12. und 13. Jahrhunderts äußerte sich eine zuvor ungekannte Hochschätzung von Natur und Welt als Gottes Schöpfung. Ihre Schönheit fanden insbesondere die Franziskaner in Blumen und Blüten symbolisiert. Sie wurden zu selbstverständlichem Schmuck von Kirchenräumen und Liturgie. Im ausgehenden 19. Jahrhundert entstan-

1

2

Abb. 1+2
Fronleichnamsprozession im Schwarzwald, 1939/
Corpus Christi procession in the Black Forest, 1939

den dazu einschlägige Handbücher. Die augenfälligste Bedeutung gewann der Blumenschmuck am Fronleichnamsfest. Im Südwesten Deutschlands ist besonders die Hüfinger Fronleichnamsprozession berühmt. Sie und ihr prachtvoller Blumenteppich locken seit den 1950er Jahren regelmäßig Tausende von Besucherinnen und Besuchern in die kleine Stadt auf der Baar.

Das »Hochfest des Leibes und Blutes Christi« – so der offizielle Titel des Fronleichnamsfestes – gehört zu den vier wichtigsten Festen im katholischen Kirchenjahr. Es wird am Donnerstag nach Trinitatis, dem zweiten Donnerstag nach Pfingsten begangen. Gefeiert wird die leibliche Gegenwart Christi im Sakrament der Eucharistie, besonders in der vom Priester geweihten Hostie. Das Fronleichnamsfest wurde erstmals 1246 im Bistum Lüttich gehalten. Den Impuls gab eine Vision der 1869 heilig gesprochenen Augustinernonne und Mystikerin Juliana von Lüttich (gest. 1258). Die erste Fronleichnamsprozession zog im Jahr 1279 durch Köln. Früh mag man – der franziskanischen Frömmigkeit folgend – Blumen gestreut haben, die Festgaben der gottgefälligen Armen. Die Blumen an Fronleichnam zu kunstvollen Motivteppichen auszulegen, ist aber ein Brauch jüngeren Datums. Die frühesten Belege stammen aus dem bei Rom gelegenen Städtchen Genzano und reichen bis in die 1770er Jahre zurück. Aus dem 19. Jahrhundert stammen die Blumenteppich-Traditionen, die sich in der Weststeiermark, dem Ort La Orotava auf Teneriffa und in den Gemeinden um Bad Neustadt an der Saale erhalten haben. Während ihre Herkunft letztlich ungeklärt ist, lässt sich der Hüfinger Festbrauch eindeutig auf das Vorbild Genzanos zurückführen. Hier lernte der Hüfinger Bildhauer Franz Xaver Reich die motivische Gestaltung der Blütenpracht 1841 während eines Studienaufenthaltes kennen. In die heimatliche Baar zurückgekehrt, legte er am Fronleichnamstag des Jahres 1842 den ersten Hüfinger Blumenteppich. Von Hüfingen aus strahlte der Brauch dann im katholischen Südwestdeutschland aus. Allerdings fand er seine Nachahmer hierzulande meist erst nach dem Zweiten Weltkrieg.

Auch wenn die Traditionen der Blumenteppiche örtlich unterschiedlicher Herkunft sind und die Kunstfertigkeit der Ausführung einmal mehr, einmal weniger gefällt, folgt die Anfertigung

3

4

Abb. 3+4
Blumenteppiche zu Fronleichnam, Süddeutschland/
Carpets of flowers on Corpus Christi, southern Germany

der Teppiche doch weithin identischen Mustern. Teils werden die Blumen frühmorgens mit Hilfe von Schablonen oder Kordeln direkt auf der Straße zu Motiven ausgelegt. Teils verwendet man transportable, auf der Straße auszurollende Unterlagen, auf denen die Blüten mit Klebstoff fixiert sind. Der Tradition gehorchend werden für die Teppiche nach Möglichkeit Wildblumen verwendet. In Hüfingen war und ist es guter Brauch, dass die Bewohner der Häuser am Prozessionsweg jeweils den Teppich entlang ihres Grundstückes anfertigen. Wo dies nicht mehr gewollt oder möglich ist, springen Vereine und Gruppen ein. Die Motive der Teppiche sind im weiten Sinn auf die Theologie des Fronleichnamsfestes bezogen. Gelegt werden vor allem eucharistische Motive, wie sie von Kirchenfenstern oder der Ikonografie religiösen Schrifttums bekannt sind: Meditationen über Brot und Wein, das Passahlamm, Darstellungen des letzten Abendmahls, aber auch Marienbilder und Anspielungen auf passende biblische Wundergeschichten wie etwa die Verwandlung von Wasser in Wein zu Kana oder Jesu Brotvermehrung. In den 1980er und 1990er Jahren waren in Süddeutschland daneben Motive der kirchlichen Friedens- und Umweltschutzbewegung zu sehen. Die gedankliche Brücke bot das Motiv der Bewahrung der Schöpfung.

Fronleichnam ist ein besonders von der Witterung abhängiges Fest. Es fällt – abhängig vom Termin des Osterfestes – auf die Zeit zwischen dem 21. Mai und dem 24. Juni. Wenn die Vegetation in einem Jahr verspätet zur Blüte kommt, kann mangelndes Angebot an Blumen daran hindern, den Blumenteppich im gewohnten Umfang auszulegen. Oft beschränkt man sich dann auf Blumenteppiche in der Kirche und vor den Stationsaltären der Prozession. Daneben entscheidet das Wetter des Fronleichnamstages selbst, wie lange die Pracht ansehnlich bleibt. Oft sind das nur wenige Stunden.

Über die Herkunft und Bedeutung der Blumenteppiche wurde und wird unter Volkskundlerinnen und Volkskundlern eifrig diskutiert. Manche Annahmen, z.B. die Rückführung des floralen Fronleichnamsbrauchs auf altgermanische Frühlings- und Fruchtbarkeitskulte, sagen mehr über die Zeit, in der solche Deutungen in Blüte standen, als über das Phänomen selbst. Grundsätzlich lassen sich zwei Sinnhorizonte benennen, zwischen denen sich der

Fronleichnamsbrauch bewegt. Da sind einerseits die Erinnerungsfeier zur Stiftung des Abendmahls und andererseits der durch den Frühjahrstermin des Festes und durch die Prozession gegebene Bezug zur Natur und dem Wachstum der Vegetation. Historisch betrachtet konnte die Sinngebung des Festes zwischen den beiden Horizonten wandern. Mochte anfangs franziskanische Naturseligkeit besondere Deutungsakzente setzen, rückte im gegenreformatorischen Katholizismus das ostentative Bekenntnis zur katholischen Auffassung der Transsubstantiation und Gegenwart Christi im Altarsakrament in den Vordergrund der Festsemantik. Die Fronleichnamsprozession diente nun als katholische Heerschau gegen die protestantischen »Irrgläubigen« mit ihren abweichenden Anschauungen vom Abendmahl. Die Blumenteppiche des 19. und vor allem des 20. Jahrhunderts spiegeln dagegen eine erneute Hinwendung zur Schöpfung und das Bedürfnis, Gottes Gegenwart in der Natur aufzusuchen. Heutige Festtexte nehmen diesen Bezug auf und verbinden ihn mit dem Gedanken der Pilgerschaft in einer Welt, die bei aller Schönheit – wie die Blumenteppiche – von Vergänglichkeit gezeichnet ist. Das zuletzt genannte Motiv lädt ein zur Meditation und mag so manchem Frommen helfen, sich im Bedenken seines Erdenwegs auf sich selbst und die ureigene Verantwortung für das eigene Leben zu besinnen. Zugleich stiften das kollektive Werk der Blumenteppiche und die Prozession aber ein großes Gemeinschaftserlebnis: bastelnderweise werden dabei heutzutage sogar Konfessionsgrenzen überschritten.

English summary

P. 132 – 136: Ambulare floris!

Ambulare floris!
A Pilgrimage to Perishable Beauty
Harald Haury

Corpus Christi is one of the four most important feast days in the Catholic Church calendar. What it celebrates is the appearance of Christ in body in the sacrament of the Holy Eucharist. Corpus Christi, a movable feast, is celebrated on the second Thursday after Trinity Sunday.

Corpus Christi has been in the Church calendar since the 13th century. Processions with the consecrated Host have probably belonged to the liturgy of this feast from the beginning. Even in the Middle Ages, the path of the procession was strewn with flowers. This practice originated with the Franciscans because of their inclination to seek God's love for his creation in nature. The custom of laying down carpets of flowers to form motifs is, however, of more recent date. The earliest recorded mention of it is in the 1770s, in the town of Genzano near Rome. Since the 19th century, carpets of flowers have been laid down in western Styria, the town of La Orotava on the island of Tenerife, around Bad Neustadt on the Saale and in south-western Germany. There the town of Hüfingen auf der Baar is especially renowned for its carpets of flowers.

A carpet of flowers is a communal work. Wild flowers are used as far as possible. The motifs are chosen from the Corpus Christi iconology. Designs include meditations on the bread and wine of the Eucharist, Christ as the Paschal Lamb, representations of the Last Supper as well as images of the Virgin and allusions to New Testament miracles such as the transformation of water into wine at Cana or the miracle of the loaves and fish. In the 1980s and 1990s, the symbols of the peace and environmentalist movements were also included.

Over the centuries, the pragmatic framework of the feast has changed. During the Counter-Reformation, Corpus Christi processions represented the Catholic ›marshalling of forces‹ against the Protestants. The floral carpets of the 19th and 20th centuries, on the other hand, represented a renewed devotion to nature. Modern Corpus Christi texts take up this reference and are often reminiscent of a pilgrimage of the devout in a world which, as beautiful as it may be, is – like the carpets of flowers – transient.

English summary -> P. 143

»Blumen-Feinkost«

Karin Engel und Ruth Milde (Der Blumenladen, Stuttgart)
im Gespräch mit Tilmann Schempp

»Der Blumenladen« in Stuttgart öffnet den Blick auf ein Blütenmeer: Karin Engel und ihr junges Team komponieren hier außergewöhnliche floristische Kreationen.

Tilmann Schempp (TS) *Überlegen Sie beim Binden eines Straußes, wie er sich im Erblühen oder Welken verändert?*

Karin Engel (KE) Da spielt die Erfahrung eine große Rolle. Man achtet auf die Gemeinschaft der Pflanzen, wo kommen sie her oder wie wachsen sie zusammen. Ich weiß, wie die Blüten sich entwickeln. Ein einfaches Beispiel sind die Tulpen; sie wachsen schnell in die Höhe, und das kann grausig aussehen, wenn sie über den anderen Blumen stehen. Natürlich gibt es auch Blumen oder Blüten, die beim Welken oder Verwesen ganz schön sein können, wenn sie beispielsweise etwas Papierhaftes bekommen. Aber es ist eine Minderheit, die so was sieht oder dafür ein Gefühl entwickelt.

TS *Haben Sie bestimmte Vorlieben oder Abneigungen gegenüber einzelnen Blumen?*

Ruth Milde (RM) Wir arbeiten sehr stark nach den Jahreszeiten. Blumen wie Gerbera oder Chrysanthemen, die man von Januar bis Dezember kaufen kann, gibt es bei uns meistens gar nicht. Natürlich haben wir auch Exoten, aber wir verwenden sehr viele Blumen, die es nur zu bestimmten Jahreszeiten gibt. Insofern freuen wir uns auf jede wiederkehrende Jahreszeit und da hat man dann auch seine Blumen, auf die man sich besonders freut.

TS Im Gegensatz zur bildenden Kunst oder zur Schmuckkunst wird ein Strauß nicht für die Ewigkeit gemacht. Liegt in der Vergänglichkeit auch der besondere Reiz der Floristik?

KE Wir arbeiten im Rhythmus der Jahreszeiten. Manchmal sag ich, es ist gut, dass diese Blumen verwelken und weg sind, damit wieder etwas Neues passiert.

TS Mit den 1950er Jahren verbinden wir das Klischee: Nierentisch, darauf eine Vase mit Nelken und Asparagus sprengeri. Wann begannen sich die Deutschen wieder für den Strauß zu interessieren?

RM Das ging mit dem Wirtschaftswunder los. Da sind die Geschäfte wieder voller und der Handel intensiver geworden. Da sind die Blumengeschäfte auch aufgelebt. Es entstanden große Geschäfte. Die Firmen haben sehr viele Blumen verschenkt und Feste arrangiert. Man besorgte Blumen fürs Wochenende oder für die Einladung. Natürlich gab es damals nur ganz bestimmte Blumen, die zudem relativ streng an besondere Anlässe gebunden waren.

TS Welche gestalterischen Tendenzen brachten die 1960er und 1970er Jahre? Hat die Flowerpower-Generation Einfluss ausgeübt?

KE Flowerpower kam erst später, nämlich als diese Generation es sich leisten konnte, Blumen zu kaufen. Das waren auch meine Anfänge. Da wagte man, die Blumen etwas anders zusammenzustellen. Man verwendete andere Farben, ließ eher locker und begann Sträuße mit normalem Naturgras zu binden. Wie in der Mode entwickeln Freaks einen Trend, der sich erst Jahre später durchsetzt. In den 1970er Jahren hat man wieder mehr die einzelne Blume genommen. Da kam Ikebana aus der großen weiten Welt.
RM Und natürlich gab es damals auch den Trockenblumen-Boom. Die Blumen kamen aus Holland – gefriergetrocknet. Zunächst wurden sie zu

Kulturgeschichte

Blumen-Kreationen von »Der Blumenladen«,
Stuttgart 2007/
*Floral creations by ›Der Blumenladen‹,
Stuttgart 2007*

Sträußen in ganz verschiedenen Dimensionen gebunden, und später wurden fließartige Flächen mit Blütenköpfen zu Bildern arrangiert.
KE Im Moment ist es undenkbar, einen Trockenstrauß zu verkaufen.

***TS** Wohin geht die Reise im 21. Jahrhundert?*

KE Da gibt es zwei Entwicklungen. Einerseits gibt es Blumen heute überall: an jeder Ecke, an Tankstellen und im Supermarkt. Blumen gehören zum Sortiment. Wie bei den Nahrungsmitteln ist der Trend: immer günstiger, immer billiger. Auf der anderen Seite gibt es »Blumen-Feinkostläden«. Es wird eine unglaubliche Vielfalt an Blumen angeboten, sie sind zum Teil teuer und zu jeder Jahreszeit zu haben. Was früher gar nicht denkbar war, gibt es heute durch die globalen Transportmöglichkeiten. Zum Beispiel Seerosen aus Indonesien, das ist jetzt einfach normal.
RM Die Schere geht immer weiter auseinander.

***TS** Welche Blume ist gerade angesagt?*

KE Mohn, der wird bedampft, damit der Milchfluss gestoppt wird, und kommt auf diese Weise präpariert aus Italien.

***TS** Wie begreifen Sie sich selbst: als Gestalterinnen oder Künstlerinnen?*

RM Gestalter sind wir ja sowieso schon von Berufs wegen (lacht). Wenn man die Liebe zu den Blumen hat und gerne mit dem Material arbeitet, hat man auch eine künstlerische Ausdrucksmöglichkeit.

English summary

P. 138 – 142: »Blumen-Feinkost«

›Flower Delicatessen‹

Karin Engel and Ruth Milde of Der Blumenladen, Stuttgart,
talking to Tilmann Schempp

Der Blumenladen, a Stuttgart flower shop, opens up vistas of a sea of flowers. Karin Engel and her young team compose extraordinary floral creations. Tilmann Schempp has talked to the two florists who run it.

Tilmann Schempp (TS) *Unlike fine art or art jewellery, a nosegay isn't made for eternity. Is their transience what makes working with flowers so delightful?*

Karin Engel (KE) We work in the seasonal rhythm. Sometimes I say it's a good thing that these flowers fade and vanish so that something new can happen.

TS *Where are things heading in the 21st century?*

KE There are two trends. On the one hand, flowers are everywhere nowadays: at every street corner, at filling stations and in supermarkets. Flowers are part of the wares on offer. As with food, the trend is: always more convenient, always cheaper. On the other hand, there are ›Flower Delicatessens‹. An incredible variety of flowers is on offer, some of them expensive and available in all seasons. What used to be unthinkable is available today thanks to global transportation. For instance, water-lilies from Indonesia, that is simply normal now.

TS *What flower is currently trendy?*

KE Poppies: they're steam-sealed to stem the flow of latex and come from Italy after being treated in this way.

TS *How do you see yourselves: as designers or artists?*

Ruth Milde (RM) We're designers anyway because of our profession [laughs]. If you love flowers and love working with them as material, you also have a possibility of artistic expression.

Gemeine Akelei
Aquilegia vulgaris

Literatur und Blumen

Literature and Flowers

4

English summary -> P. 165

»... meiner Wünsche Blumengarten«

Das Motiv der Blüte in der Literatur

Beate Rygiert

Wenn dichterische Gedanken »Blüten treiben« und die Fantasie »ins Kraut schießt«, scheint nicht viel Gutes zu erwarten zu sein. Fristet das Motiv der Blüte in der Literatur ein Mauerblümchen-Dasein? Hat ein Schriftsteller, der sich mit ihr abgibt, überhaupt die Chance, auch nur den geringsten »Blumentopf zu gewinnen«? Oder handelt es sich dabei um die literarische Variante von »Blümchenkaffee« oder gar »Blümchensex« – also nichts Halbes und nichts Ganzes, gerade noch würdig, um mit ihnen Poesie-Alben zu füllen? Durchaus nicht! In allen Epochen erfreuten sich Werke, die sich um eine Blume oder ihre Attribute rankten, großer Beliebtheit. Und tatsächlich ist der erste bekannte »Bestseller« der europäischen Literaturgeschichte einer Blüte gewidmet.

Am Anfang war die Rose

Er gilt als Höhepunkt der französischen, mittelalterlich-höfischen Literatur und bahnbrechend in vielerlei Hinsicht: »Le Roman de la rose«, von Guillaume de Lorris in der ersten Hälfte des 13. Jahrhunderts verfasst und eine Generation später von Jean de Meun um einen zweiten Teil ergänzt. Der Rosenroman schildert in allegorischer Form ein Liebesabenteuer: Der Ich-Erzähler gelangt in einen paradiesischen Garten und, nach einer Reihe ausgelassener Vergnügungen, zu einer wundersamen Quelle. Er erfährt: Hier habe Narziss die schöne Dame Echo aus Hochmut verschmäht, die daraufhin an Liebeskummer verstarb. Zuvor verfluchte sie allerdings den arroganten Jüngling, worauf Narziss sich in sein eigenes Spiegelbild verliebte, in die Quelle sprang und ertrank. Als der Erzähler sich über das Wasser beugt, erblickt er in seinem Spiegel eine Rose und verliebt sich augenblicklich in sie. Mit Hilfe von Amor gelingt es ihm, verschiedene allegorische Tugendwächter zu überwinden und die Liebe der Rose zu gewinnen. Allerdings weckt der Liebeskuss die Eifersucht auf, die die Rose in eine Burg sperren und streng bewachen lässt. Der erste Teil endet mit der Klage des »Amant«.

Keine Frage – diese Geschichte schreit nach einer Fortsetzung mit Happy End. Womit bewiesen wäre, dass die Schriftsteller schon im Mittelalter wussten, ihre Leser bei der Stange zu halten. Der Rosenroman war so erfolgreich wie kein anderes Werk dieser Epoche. Noch heute sind mehr als 300 Kopien des Buches erhalten – und das aus einer Zeit vor der Erfindung des Buchdrucks. Noch bis ins 16. Jahrhundert musste sich jeder Autor mit diesem großen Vorbild messen. Außerdem verursachte er die erste bekannte Literaturdebatte Frankreichs, als die Schriftstellerin Christine de Pisan gegen die frauenfeindlichen Passagen des zweiten, von de Meun verfassten Teils öffentlich Protest einlegte.

Ja, dieser Roman wirkt bis heute fort, denken wir nur an die Rose des Kleinen Prinzen von Saint-Exupéry oder den Weltbestseller von Umberto Eco, »Der Name der Rose«. In diesem im Mittelalter angesiedelten Detektivroman werden viele Geheimnisse gelüftet – eines jedoch ließ der Autor mit Bedacht ungelöst, nämlich die Bedeutung des Titels. Berge von Sekundärliteratur widmeten sich der Frage: Wer ist diese Rose, und wie lautet ihr Name? Dabei gibt es verschiedene Erklärungsversuche: Der eine schließt sich an den erwähnten Mittelalterroman an, in dem die Rose als eine Metapher für die begehrenswerte Frau schlechthin etabliert wurde – auch dort bleibt sie ohne individuellen Namen. Eine andere Erklärung führt zu keinem Geringerem als Shakespeare, der seine Julia sagen lässt: »Was ist ein Name? Was uns Rose heißt, wie es auch hieße, würde lieblich duften; ... O Romeo, leg deinen Namen ab und führ den Namen, der dein Selbst nicht ist.« Ein Zitat, das wohl mehr Fragen aufwirft, als beantwortet. Die Rose bleibt das Rätsel, das Unerreichte, der Sehnsuchtsgegenstand.

Was das Motiv der Rose in der Literatur anbelangt, bleibt es natürlich nicht bei diesen Beispielen. Sie gilt als Königin der Blumen, als Symbol der himmlischen Vollkommenheit und der irdischen Liebe, sie steht zugleich für so widersprüchliche Begriffe wie Zeit und Ewigkeit, Leben und Tod, Fruchtbarkeit und Jungfräulichkeit, für Reinheit und Sinneslust. Selbstverständlich ist sie, wie viele ihrer Gefährtinnen, aus der Lyrik nicht wegzudenken. Aus der Fülle von Beispielen sei ein fast schon ironisches Spätwerk des alternden Johann Wolfgang von Goethe zitiert:

Nun weiß man erst, was Rosenknospe sei,
Jetzt, da die Rosenzeit vorbei;
Ein Spätling noch am Stocke glänzt
Und ganz allein die Blumenwelt ergänzt.[1]

Die rote Rose bedeutet Leidenschaft und Erfüllung, sie symbolisiert das Blut des Adonis – immerhin können die Begriffe »Blüte« und »Blut« auf denselben althochdeutschen Wortstamm *bluot* zurückgeführt werden. Gut hundert Jahre nach Goethe verwendet Rose Ausländer in ihrem Liebesgedicht aus dem Zyklus »Dem Geliebten« die Adonisblut-Symbolik und spielt gleichzeitig auf ihren eigenen Namen an:

Des Geliebten Nächte zu entzünden,
will ich augenspendend süß erblinden.

Des Geliebten Atem zu umkosen,
wandelt sich mein Blut in tausend Rosen.

Des Geliebten Liebe zu erhalten,
möcht' ich mich in tausend Frauen spalten,

dass er tausendfach nur mich begehre,
alle liebend nur mir angehöre![2]

In Vergessenheit geraten ist die Rose als Metapher für Verschwiegenheit. In dieser Bedeutung findet sie sich häufig in der Ornamentik von Beichtstühlen und Ratssälen. Daraus entstand die bis ins 19. Jahrhundert gebräuchliche Floskel *sub rosa*, was soviel bedeutete wie »im Vertrauen gesagt«.

Der Blumencode

Mit Hilfe von Blüten konnte man jahrhundertelang komplexe und delikate Botschaften überbringen – ohne ein einziges Wort zu verlieren. Die Redewendung »durch die Blume gesagt« geht auf diesen Brauch zurück. Der Blumencode wurde allgemein verstanden, heute wissen wir zumindest noch, dass

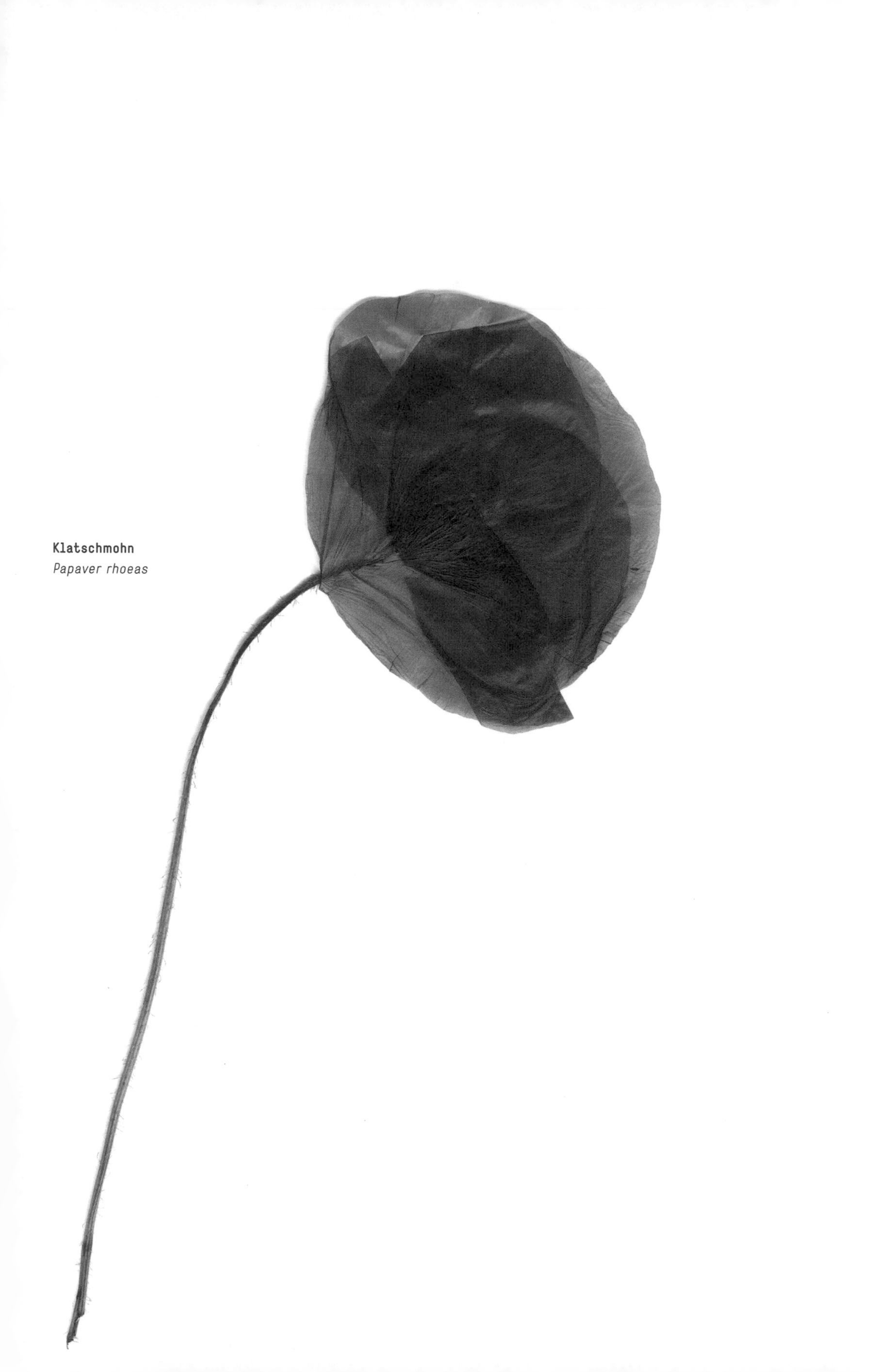

Klatschmohn
Papaver rhoeas

eine Rose für Liebe steht. Aber ist Ihnen geläufig, dass die Aster sagen will: »Von deiner Treue bin ich nicht überzeugt«? Und die Dahlie »Ich bin schon vergeben«? Sollte Ihnen jemand Geranien schenken, könnte das bedeuten »ich erwarte Dich an der bekannten Stelle.« Wenn Sie nicht sicher sind, ob Sie das möchten, antworten sie doch einfach mit einem Krokus. Der sagt dem Empfänger nämlich: »Ich brauche Bedenkzeit«. Eine Margerite wiederum richtet aus: »Lass mich in Frieden!«

Auch in der Kunst fand der Blumen-Code Verwendung, sowohl in der Malerei als auch der Literatur. Da Blüten ohnehin als Attribute des Weiblichen gelten, stehen sie meist für dessen Eigenschaften: Die weiße Lilie dient als Symbol für Reinheit und Königinnenwürde. Das Veilchen ist bekannt für seine Bescheidenheit, wie schon die Redewendung »wie ein Veilchen im Verborgenen blühen« ausdrückt. Der Hyazinthe wird Klugheit und friedliche Gesinnung nachgesagt, sie soll aus dem Blut des von Apollon versehentlich getöteten Vegetationsgottes Hyakinthos erspressen sein.

Die Blüte der Sehnsucht

»Hyazinth und Rosenblütchen« von Novalis führt uns in die Welt der Romantik, deren Dichter für das gesamte Gartensortiment reiche Verwendung fanden. Novalis war es auch, der in seinem Romanfragment »Heinrich von Ofterdingen« das Symbol der Sehnsucht, der Unerreichbarkeit, des innersten Geheimnisses des Lebens schlechthin schuf: die berühmte Blaue Blume der Romantik.

> *Was ihn aber mit voller Macht anzog, war eine hohe lichtblaue Blume, die (...) ihn mit ihren breiten, glänzenden Blättern berührte. Rund um sie her standen unzählige Blumen von allen Farben, und der köstliche Geruch erfüllte die Luft. Er sah nichts als die blaue Blume, und betrachtete sie lange mit unnennbarer Zärtlichkeit. Endlich wollte er sich ihr nähern, als sie auf einmal sich zu bewegen und zu verändern anfing; die Blätter wurden glänzender und schmiegten sich an den wachsenden Stengel, die Blume neigte sich nach ihm zu, und die Blütenblätter zeigten einen blauen ausgebreiteten Kragen, in welchem ein zartes Gesicht schwebte. Sein süßes Staunen wuchs mit der sonderbaren Verwandlung, als ihn plötzlich die Stimme seiner Mutter weckte...* [3]

Acker-Stiefmütterchen
Viola arvensis

Acker-Rittersporn
Delphinium consolida

English summary -> P. 165

Der magischen Blauen Blume widmete Joseph von Eichendorff ein Gedicht, und Adalbert von Chamisso glaubte gar, sie im Harz gefunden zu haben. Hermann Hesse, der auf seine ganz eigene Weise an die Romantik anknüpfte, brachte die Suche nach der Erlösung durch das Weibliche mit seinem Kunstmärchen »Iris«, das er seiner ersten Frau Mia widmete, zum Glanz- und Höhepunkt. Wenn am Ende der Ich-Erzähler in den Kelch der Blüte eingeht und mit ihm die gesamte Welt darin verschwindet, so gleicht dies dem ödipalen Wunsch nach der Rückkehr in den Mutterschoß, dem Verschmelzen von Realität und Traumwelt, der Aufhebung aller Gegensätze.

Verführung und Vergänglichkeit

Ein ganz anders geartetes Konzept der Weiblichkeit spiegelt sich in dem Roman »Die Kameliendame« von Alexandre Dumas d.J. wider, der 1848 in Paris erschien und so erfolgreich war, dass Dumas ihn zum Bühnenstück umarbeitete. Die Figur der Kurtisane Marguerite Gautier, die stets eine frische Kamelienblüte am Ausschnitt trug, an »normalen« Tagen eine weiße und während ihrer Regel eine rote, wurde für die legendäre Schauspielerin Sarah Bernhardt zur Rolle ihres Lebens. Giuseppe Verdi sorgte durch die Vertonung des Stoffes in der Oper »La Traviata« dafür, dass die Kameliendame einen Siegeszug über die ganze Welt nahm, der auch heute noch nicht abgeschlossen ist.

Symbolismus nennt man treffend die literarische Strömung, die um das ausgehende 19. Jahrhundert und bis über die Jahrhundertwende die Dichter bewegte. Düster und bedrohlich war das Lebensgefühl angesichts der zunehmenden Industrialisierung, der dräuenden Kriege und des wachsenden Materialismus. Die Welt schien nur noch durch Symbole wahrnehmbar, und so wundert es nicht, dass auch das Thema »Blüte« hier eine Umdeutung erfuhr. Nicht mehr die unschuldig-anmutigen Aspekte, sondern das Wuchernd-Rankende, im Feucht-Modrigen Wurzelnde der Pflanzen steht hier im Vordergrund. Das bedeutendste französische Werk dieser Zeit, »Die Blumen des Bösen« von Charles Baudelaire, 1857 veröffentlicht, brachten dem Dichter einen Prozess wegen »Beleidigung der öffentlichen Moral« ein. Rainer Maria Rilke, neben Stefan George der wohl bedeutendste Vertreter des deutschen Symbolismus, zeigt diese Aspekte der Vergänglich- und Unwirklichkeit, wenn die Blätter und Blüten in dem Sonett »Blaue Hortensien« die Farbe nur »spiegeln«, um sie alsbald »zu verlieren«.

Blaue Hortensie

So wie das letzte Grün in Farbentiegeln
sind diese Blätter, trocken, stumpf und rauh,
hinter den Blütendolden, die ein Blau
nicht auf sich tragen, nur von ferne spiegeln.

Sie spiegeln es verweint und ungenau,
als wollten sie es wiederum verlieren,
und wie in alten blauen Briefpapieren
ist Gelb in ihnen, Violett und Grau;

Verwaschenes wie an einer Kinderschürze,
Nichtmehrgetragenes, dem nichts mehr geschieht:
wie fühlt man eines kleinen Lebens Kürze.

Doch plötzlich scheint das Blau sich zu verneuen
in einer von den Dolden, und man sieht
ein rührend Blaues sich vor Grünem freuen.[4]

Von Kirschblüten auf Fischgerichten

Spätestens seit der Klassik ist die Europäische Lyrik nicht denkbar ohne die Einflüsse aus dem nahen und fernen Osten. Goethes eingangs zitierter Rosen-Vierzeiler war bereits durch chinesische Kurzgedichtformen inspiriert. Exotismus nannte man dieses Phänomen, und darum lohnt durchaus ein Blick auf diese heute nicht mehr ganz so fernen Länder.

Denn nicht nur in der Literatur unseres Kulturkreises spielt die Blüte eine wichtige Rolle, aus der japanischen Dichtkunst ist sie gar nicht wegzudenken. In den Haikus, Kurzgedichten aus drei Versen mit der Silbenfolge 5 – 7 – 5, hat sich über die Jahrhunderte eine regelrechte Geheimsprache herausgebildet, in der verschiedenen Begriffen ganze Bedeutungsfelder zugeordnet wurden, Kigo genannt. So steht in der japanischen Dichtung beispielsweise das Wort Donner für die Jahreszeit Herbst. Naheliegend, dass Blüten hauptsächlich dem Frühjahr zugeordnet werden, aber auch hier gibt es Nuancen: Die Pflaumenblüte steht für den beginnenden, die Kirschblüte für den endenden Frühling sowie für die zerbrechliche, weibliche Schönheit, Aufbruch und Vergänglichkeit. Von Matsuo Bashō, der

English summary -> P. 165

Scharfer Hahnenfuß
Ranunculus acris

Finkensame
Neslia paniculata

im 17. Jahrhundert die Form des Haiku durch geniale Vereinfachung und Reduktion zur Vollendung führte, ist folgendes Gedicht überliefert:

Sieh, unter dem Baum
Auf Suppe und Fischsalat
Kirschblüten sogar! [5]

Dieses Gedicht erschließt sich uns nur zu einem Teil, wenn wir nicht wissen, dass Suppe und Fischgerichte Kigos für die Jahreszeit Winter sind. So aber schafft es ein weites Assoziationsfeld: Handelt es sich um einen vorzeitigen Frühling? Oder verwechselt das Lyrische Ich Schneeflocken mit Kirschblüten, vielleicht weil er das Ende des Winters so sehr herbeisehnt? Kobayashi Issa, der ein Jahrhundert nach Bashō wirkte, dichtete:

Überm Berg der Mond
Wirft selbst auf den Blütendieb
Gnädig seinen Schein. [6]

Dabei ist es nicht uninteressant zu wissen, dass der Begriff »Mond« ein Kigo für Herbst ist – es handelt sich also um einen Dieb, der im Herbst Blüten stiehlt, was natürlich eine andere Bedeutung mit sich bringt als ein Blütenraub im Frühjahr. Der Mond hat sozusagen Verständnis für denjenigen, der sich die letzten Blüten holt, bevor der Winter sie hinwegfegt. Oder ist der Herbst selbst als Blütendieb gemeint? Diese Vieldeutigkeit der asiatischen Lyrik, zu der außerdem durch die Übersetzung verloren gegangene Lautgleichheiten beitragen, machen den besonderen Reiz aus. So klingt im Chinesischen das Wort für Lotosblüte ganz ähnlich wie das für Liebe, was eine Fülle an Wortspielen möglich macht.

Schöne Immigrantin Tulpe

Die Tulpe, aus unserem österlichen Blumenbeet nicht mehr wegzudenken, stammt ursprünglich aus den vorderasiatischen Steppen. Die nomadischen Turkvölker sahen in ihr ein Sinnbild für Leben und Fruchtbarkeit innerhalb dieses kargen Lebensraumes. Viel später wurde die Tulpe zur Lieblingsblume der Osmanischen Herrscher. Im 17. Jahrhundert gelangten die ersten Tulpenzwiebeln über Persien nach Europa, wo sie bald eine regelrechte Tulpen-Manie auslösten und zeitweise zum begehrten Sammel- und

Spekulationsobjekt mutierten. Ganze Kaufmannsfamilien in den Niederlanden ruinierten sich, weil sie Unsummen für eine einzige seltene Blütenzwiebel ausgaben oder gar ihr Vermögen in diesen unscheinbaren Knollen anlegten. Abenteuerliche Geschichten von nächtlichen Blumenraubzügen sind überliefert, und der Autor Mike Dash beschreibt in seinem Buch »Tulpenwahn«[7] anschaulich, wie eine Blumenzwiebel eine ganze Gesellschaft auf den Kopf stellen konnte.

Noch heute gilt die Tulpe als Nationalblume der Türkei. Kein Wunder, finden sich in der erlesenen klassischen Literatur des Nahen Ostens unzählige wundervolle Gedichte, in denen sie eine Rolle spielt. Von dem Mathematiker, Astrologen und Dichter Omar Chayyam, der 1048 im heutigen Iran geboren wurde, ist folgendes Gedicht überliefert:

Den trüben Tag, der gestern war, beklage nicht!
Vorm Morgen, bringt es auch Gefahr, verzage nicht!
Auf Gestern nicht noch Morgen bau! Nutz deine Zeit!
Dem Augenblick, der Lust dir beut, entsage nicht!

Das zarte Grün, das sprießt und wächst und blüht am Fluß,
erwuchs es nicht auf deinem Weg als holder Gruß
aus Staub, der einst, der Tulpe gleich, ein Antlitz war?
Zertritt es nicht, achtloser Narr, mit grobem Fuß!!

Du höchster Herr, des Glaubens Hort, der ohne Ruh
Urteile fällt und Strafen mißt jedwedem zu,
säufst dich am Blut der Sünder satt wie wir am Wein!
Sag, wer verdient der Hölle Pein? Wir oder du?

Oh, wäre doch ein Ruheplatz uns hier vergönnt!
Nähm dieser Weg, unendlich schier, doch bald ein End!
Blieb nur der Trost, daß man als Gras im Frühlingswind,
wenn tausend Jahr vergangen sind, aufsprießen könnt! [8]

Dass die Tulpe in der persischen Kultur für die vollkommene Liebe steht, gibt den Versen 7 und 8 eine zusätzliche Dramatik. Diese Assoziation schafft außerdem die Überleitung zu dem in der nächsten Strophe beginnenden Hadern mit Gott, der doch eigentlich die höchste Liebe vertreten sollte.

Acker-Vergissmeinnicht
Myosotis arvensis

Persische Gedankengärten

Eine Darstellung über die Bedeutung der Blüte in der Literatur wäre unvollständig ohne die Erwähnung eines Dichters der nicht nur bis heute im persischen Sprachbereich wie ein Heiliger verehrt wird, sondern weltweit die Lyrikschaffenden nachhaltig beeinflusste. Die Rede ist von Hafis, dem Meister der Ghaselen, einer Gedichtform, die feingedrechselte Doppelverse wie Perlen auf einer Gebetschnur aneinanderfügt. Als Muhammad Schams ad-Din in Shiraz 1326 geboren, erhielt er bereits mit neun Jahren den Beinamen Hafis, nach dem Ehrentitel »Hafez«, der denjenigen verliehen wurde, die den gesamten Koran auswendig rezitieren konnten. Später trat er einem Sufi-Orden bei, und seine Lyrik ist nur unter diesem islamisch-mystischen Hintergrund ganz zu verstehen, der die Verschmelzung von Innen und Außen, Weltlichem und Göttlichem zum Ziel hat. Die verschiedenen Ausdrucksformen Lyrik, Musik und Tanz sind im Sufismus Mittel, die Trennung zwischen dem Individuum und dem Göttlichen aufzuheben. Das gleichsam ständig Rotierende in den Doppelversen des Hafis und ihre Verklammerung durch wiederkehrende Reime erinnert an das Drehen der tanzenden Derwische und die Variationen und Steigerungen musikalischer Themen in der Sufi-Musik. So besingt Hafis in seinen Liebesgedichten gleichzeitig die weltliche wie die göttliche All-Liebe:

Ihre Düfte haben die Violen
Von dem Moschus deines Haars gestohlen.
Die Zypresse geht, von deinem Gange
Anmut der Bewegungen zu holen.
Und dein klares Lächeln nachzuahmen,
Wird vom Ostwind der Jasmin empfohlen.
In der Rosenknosp' ist deines Mundes
Halberschlossne Heimlichkeit verhohlen.
Aus dem Auge trunkener Narzissen
Sieht von dir ein Blick mich an verstohlen.
Du bist meiner Wünsche Blumengarten,
Blühend von dem Scheitel bis zur Sohlen.
...[9]

Eine »exzerptive Blumenlese« nennt der Literaturwissenschaftler Ali Radjaie in seinen Hafis-Untersuchungen diese Blütenallegorien. »Das Ghasel wird wie ein Blumenstrauß oder sorgfältiges Florilegium aus verschiedenen, variationsreichen poetischen Gedankengärten des Dichters gepflückt und verbunden«.[10] Dies beherrschte er in einer derartigen Vollendung, dass Goethe sich von ihm zu seinem berühmten »West-östlichen Divan« inspirieren ließ, wobei er nicht müde wurde, zu betonen, dass er Hafis Kunstfertigkeit niemals erreichen würde.

Im Detail die ganze Welt

Manchmal ist weniger mehr, und ein Teil weist gelegentlich über das Ganze weit hinaus. An zwei Beispielen sei gezeigt, wie in der deutschen Gegenwartsliteratur flüchtige Aspekte von Blüten einen ganzen Kosmos entzünden können.

Patrick Süßkind ahnte 1985 vielleicht selbst nicht, dass sich sein Roman »Das Parfüm« neun Jahre lang auf den Bestsellerlisten halten würde und bis heute rund 15 Millionen mal verkauft werden sollte. Das Faszinosum beruht auf dem Phänomen Duft, Blütenduft zunächst, und da die Blüte seit dem Rosenroman im 13. Jahrhundert für die erblühende junge Frau steht, ist es nur ein kleiner, aber genialer Schritt, den der Autor seinen so widerwärtigen wie faszinierenden Helden tun lässt. Da er es nicht bei der Metaphorik belässt, wenn er Blüten mit wohlduftenden jungen Mädchen gleichsetzt, ist es nur folgerichtig, dass er sie tötet, um sie zu Parfüm zu verarbeiten.

Einen ganz anderen Ansatz unternahm die Schweizer Autorin Zoë Jenny, als sie in ihrem 1997 erschienenen Erstlingswerk »Das Blütenstaubzimmer« eine Metapher für die Trauer fand, die ihren Schatten auf alle ihre Figuren wirft. Die unerreichbare, sich ständig entziehende Mutter der Ich-Erzählerin hat in ihrem italienischen Landhaus ein Zimmer für diese Trauer vorbehalten, in dem sie den Blütenstaub unzähliger Blumen sammelt – ein flüchtiges und vergebliches Unterfangen will man meinen, und so flüchtig und zum Scheitern verurteilt ist auch die Begegnung zwischen Mutter und Tochter. Ein Bild, das sich nicht erklären lässt und keine Erklärung braucht. Die Assoziationen des Lesers schaffen eine eigene, traumartige Welt.

Die Unscheinbaren

Doch soll nicht nur die Rede sein von Rosen, Lilien, Kirschblüten und Hortensien, den »Stars« unter den Blüten. Gerade auch die unscheinbaren und »unedlen« Blüten fanden ihren Weg in die Dichtung, und zwar oft auf dem Umweg der Ironisierung, als Kontrapunkt zur »großen« Literatur, wie der berühmte Sauerampfer des Hans Christian Morgenstern, der auf seinem Bahndamm bekanntlich »niemals einen Dampfer« sah, oder seine »Butterblumengelbe Wiesen / sauerampferrotgetönt«. Der italienische Lyriker Eugenio Montale widmete in seiner Gedichtsammlung »Tintenfischknochen« nicht wenige Werke den Blumen am Wegrand, Steinmauern überrankenden sogenannten »Un«-Kräutern, den winzigen weißen Blüten des Lorbeers oder der wilden Brombeere, Blüten, an denen man hundert Mal vorübergeht, an deren Duft man sich erfreut, ohne ihre Namen zu kennen.

In Sarah Kirschs Gedicht »Bei den weißen Stiefmütterchen« werden Pflanzen zu Protagonisten und mutieren fast schon zu dem, was im Japanischen ein Kigo ist. Weiße Stiefmütterchen werden gerne auf Gräber gepflanzt, die Redewendung »stiefmütterlich behandelt werden« schwingt mit, wenn das Lyrische Ich vergeblich auf den Liebhaber wartet, ausgerechnet unter einer alten Trauerweide – wahrlich kein gutes Omen für eine Liebesverabredung.

Bei den weißen Stiefmütterchen

Bei den weißen Stiefmütterchen
im Park wie ers mir auftrug
stehe ich unter der Weide
ungekämmte Alte blattlos
siehst du sagt sie er kommt nicht

Ach sage ich er hat sich den Fuß gebrochen
eine Gräte verschluckt, eine Straße
wurde plötzlich verlegt oder
er kann seiner Frau nicht entkommen
viele Dinge hindern uns Menschen

Die Weide wiegt sich und knarrt
kann auch sein er ist schon tot
sah blaß aus als er dich untern Mantel küßte
kann sein Weide kann sein
so wollen wir hoffen er liebt mich nicht mehr [11]

Schleierkraut,
auch: Rispiges Gipskraut
Gypsophila paniculata

Der Begriff der Schönheit

Schönheit ist ein heikler Begriff in der Kunst. Wäre er endgültig zu definieren, würde sich jedes weitere künstlerische Schaffen erübrigen. Und doch dreht sich gerade bei der Blüte fast alles um ihn. Sie ist das Symbol schlechthin für die unfassbare, unbeschreibliche, vergängliche und darum gleichzeitig beglückende wie schmerzliche Ahnung von der Schönheit an sich. Der Begriff »Schönheit« wird in der Literatur mit Bedacht vermieden, vielmehr versucht der Schriftsteller, die Vorstellung von ihr zu erzeugen, ohne sie direkt zu nennen. Es bedarf schon der Größe einer Hilde Domin, um ein ganzes Gedicht auf diesem Wort aufzubauen. Wohl gemerkt verwendet die Autorin aber nicht den Begriff »schön«, sondern die Steigerung »schöner«, das gleichzeitig ein einfaches »schön« oder sogar »nicht so schön« voraussetzt. Schönheit und Glück werden in Bezug zueinander gesetzt, dem Anspruch auf beides entzieht sich die Dichterin bewusst.

Schöner

Schöner sind die Gedichte des Glücks.

Wie die Blüte schöner ist als der Stengel
der sie doch treibt
sind schöner die Gedichte des Glücks.

Wie der Vogel schöner ist als das Ei
wie es schön ist wenn Licht wird
ist schöner das Glück.

Und sind schöner die Gedichte
die ich nicht schreiben werde.[12]

Es ist der Stängel, das Ei, die die Dichterin für sich postuliert. In ihnen ruht das Potential auf die Blüte und den Vogel. So bleibt die Möglichkeit, etwas immer »noch schöner« zu sagen, ohne die wahre Glückszauberformel je zu erreichen. Eine Poetologie des Erblühens, möchte man sagen, die Dichtung als Stängel, dem die Schönheit als Möglichkeit innewohnt.

Die Blüte als Topos hat ihren festen Platz in der Weltgeschichte der Literatur, unabhängig von Epochen, Moden, Strömungen und Weltanschauungen.

Wie von ihr erzählt, gesungen oder gesprochen wird, spiegelt das jeweilige Lebensgefühl wider, sie ist gleichsam eine Art Sehnsuchts-Barometer, ein Weltanschauungs-Echolot, ein Seelenzustands-Maß. Die Blüten an sich aber bleiben sich immer gleich, sie knospen, erblühen, verwelken heute wie vor Jahrhunderten. Dabei kümmern sie sich nicht um den Menschen. Der aber hat die Eigenart, alles auf sich und seine Existenz zu beziehen. Aus dieser Selbstbezogenheit des schreibenden Menschen lebt die Vielfalt, die die Blüte in der Literatur immer wieder aufs Neue erfährt.

1 Aus: Johann Wolfgang von Goethe, *Chinesisch-deutsche Jahres- und Tageszeiten Nr. IX*, Hamburger Ausgabe, München 1982
2 Aus: »Dem Geliebten«, *Gedichte, Frankfurt am Main 1985–1990*
3 Aus: »Heinrich von Ofterdingen«, *Novalis Schriften. Die Werke Friedrich von Hardenbergs. Historisch-kritische Ausgabe (HKA)*, Stuttgart 1960
4 Aus: Neue Gedichte, *Rainer Maria Rilke, Sämtliche Werke in 7 Bänden*, Frankfurt am Main 1955–1997
5 Zitiert nach einer anonymen Übersetzung
6 Zitiert nach einer anonymen Übersetzung
7 Mike Dash, *Tulpenwahn. Die verrückteste Spekulation der Geschichte*, München 1999
8 Aus: *Omar Chajjam: Wie Wasser im Strom, wie Wüstenwind. Gedichte eines Mystikers*, Meerbusch 1992
9 Zitiert nach der Übersetzung durch Friedrich Rückert, hg. v. H. Kreyenborg, München 1926, Nr. 22
10 Aus: Ali Radjaie: Hafis und das polyfunktionale Wort; in: *Spektrum Iran, Zeitschrift für islamisch-iranische Kultur*, 10. Jahrgang 1997
11 Aus: *Sarah Kirsch, Landaufenthalt*, Ebenhausen 1984
12 Aus: *Hilde Domin, Gesammelte Werke*, Frankfurt am Main 1984

Garten-Petunie
Petunia atkinsiana

English summary

P. 146 – 164: »... meiner Wünsche Blumengarten«

›... the Flower Garden of My Desires‹

The Blossom Motif in Literature

Beate Rygiert

It all began in the history of European literature with the French *Roman de la Rose* of Guillaume de Lorris in the first half of the 13th century. Countless poets have dedicated works to the rose as the ›Queen of Flowers‹ and symbol of love. It was long possible to ›say it with flowers‹ without uttering a single word. Flowers became messengers, vehicles for transmitting declarations of love and the responses to them, asked delicate questions about fidelity or secrecy.

In Asian poetry, too, flowers convey meanings. In Japanese Haiku, the cherry blossom stands for an entire universe of Spring and the Lotus quickened Chinese love poetry simply by being homonymous with the term for love.

The flower garden as microcosm attained its zenith in 14th-century Persian literature in the work of Hafiz, who, more than any other, would influence European poetry. The most celebrated respondent to the ghazals of Hafiz was Johann Wolfgang von Goethe, whose *East-West Divan* represents a unique literary monument to the Persian mystic.

German Romantic poets invented the Blue Flower as symbolic of their yearnings for transcendence, which even recurs in the Herman Hesse literary fairy tale *Iris.*

Baudelaire's *Fleurs du Mal* put in their appearance in the French fin du siècle as symbolic of seduction and decay. The femme fatale was likened to a deadly flower that would rob an infatuated man of his reason. *La dame aux Camélias* by Alexandre Dumas fils still goes from triumph to triumph on the stages of the world's opera houses as *La Traviata.*

But not just the blossom as such, its individual attributes have also inspired writers to notable works: In the Patrick Süßkind novel *Perfume,* for instance, scent plays a paramount role. Even today new aspects of blooms continue to inspire writers. *How* flowers are written, sung or spoken about reflects prevailing feelings about life. The flower is, so to speak, a sort of barometer for our yearnings, a world-view sonar, a yardstick of our psychic state – forever new.

English summary -> P. 177

Blüten für Paris

Erzählung

Beate Rygiert

»Blüten«, sagte mein Vater, »sind eine vergängliche Freude.«

Meinem Glück hat er nie getraut.

»Wer ein Vermögen mit so etwas Lächerlichem wie Blüten verdient, dem ist nicht zu trauen«, pflegte er zu wiederholen. »Blumen welken.«

»Seine nicht!«, entgegnete ich. Er blieb skeptisch. Dennoch kam er mit zur Ausstellung, damals, im Jahr 1900. In seinem besten Anzug und den neuen Schuhen, die ich ihm gekauft hatte, stand er vor der Vitrine, von der ganz Paris sprach. Stand dort und schaute, dass ich fürchtete, die Augen würden ihm aus den Höhlen fallen, besah sich alles ganz genau, die Fledermäuse vor dem Nachthimmel aus Gaze, das Messinggitter aus nackten Frauenleibern, die Arbeiten.

»Das ist nicht deine Welt, Jacques«, sagte er endlich. »Wenn du klug bist, stellst du dich wieder auf die Brücke.«

Auf der Brücke stand ich jeden Morgen, seit ich zehn Jahre alt war. Ich war vierzehn, als er bei mir stehen blieb. Warum gerade bei mir, das weiß ich bis heute nicht, es war Mai und mein Angebot unterschied sich in nichts von dem Yvettes zu meiner Rechten und dem der alten Madeleine zu meiner Linken.

»Hast du Anemonen?«, fragte er.

Jeder konnte sehen, dass Veilchen, Maiglöckchen und Vergissmeinnicht zu Sträußen gebunden in meinem Blecheimer auf Käufer warteten. Ich hatte keine Ahnung, wie Anemonen aussahen.

»Ich besorg Ihnen welche«, sagte ich.

Er nickte, als sei das selbstverständlich.
»Bring mir weiße«, sagte er, »in die rue Thérèse. Zwei Dutzend.« Und wandte sich zum Gehen.

»Welche Hausnummer?«, rief ich ihm nach.

Er drehte sich um. Ich glaube, erst jetzt sah er mich richtig an. In seinen Augen blitzte es, sein Mund unter dem Schnurrbart verzog sich zu einem Lächeln.

»Frag nach Lalique«, sagte er.

»Bring mir weiße«, äffte Yvette ihn nach. »So ein Spinner! Du wirst doch nicht zwei Dutzend weißen Anemonen hinterherrennen, damit der dich damit aus dem Haus wirft?!«

Madeleine sagte gar nichts, kniff die Augen und arrangierte ihre Sträuße neu. Jeder von uns hatte seine Kundschaft, die einen kauften aus Mitleid ihre Blumen bei der Alten, die anderen waren der Meinung, meine Jugend fördern zu müssen, und wieder andere freuten sich an Yvettes Dekolleté, wenn sie sich über die Blumen beugte. Sie war beleidigt, weil der Anemonen-Mann sie keines Blickes gewürdigt hatte, das war klar.

»Ich hab ein Auge drauf«, nuschelte Madeleine und nickte zu meinen Blüteneimern. »Na lauf schon, mein Junge.«

»Wie sehen Anemonen aus?«, fragte ich sie.

Yvette lachte auf und rollte mit den Augen.

»Geh zu Raymond«, sagte Madeleine, »und sag, dass ich dich schicke, dann traut er sich nicht, dich übers Ohr zu hauen. Jedenfalls nicht gar zu sehr.«

Als ich am Nachmittag die rue Thérèse entlangtrabte, die in Seidenpapier eingeschlagenen Blumen im Arm wie ein Baby haltend, klopfte mein Herz bis zum Hals. In einer so feinen Gegend war ich noch nie gewesen. Raymond hatte mir meine gesamten Morgeneinnahmen abgeknöpft, wenn Yvette jetzt Recht behielt, war ich erledigt. Ich hörte im Geiste schon meinen Vater toben, da sah ich das Geschäft. Ich sah das Geschäft, ich sah die Auslage, ich sah es glitzern und blinken, ich sah den Namenszug über der Tür, als sei er aus Schlingpflanzen gewachsen.

»Können Sie mir bitte sagen, wo Monsieur Lalique wohnt«, fragte ich eine Dame, die im Begriff war, das Juweliergeschäft zu betreten.

»Du stehst genau vor seiner Tür«, lachte sie. »Hier,« fuhr sie fort und zeigte auf die Schlingpflanzenschrift, »da steht es: L-A-L-I-Q-U-E. Lalique«.

So lernte ich meine ersten Buchstaben.

Die Dame erwies sich als mein guter Engel. Wäre es nach dem Angestellten hinter der Theke gegangen, hätte ich meine Fracht ohne Lohn abgeliefert.

»Monsieur Lalique persönlich hat sie bei mir bestellt«, sagte ich so schüchtern, dass die Dame meine Worte wiederholen musste, »Monsieur Lalique persönlich hat sie bei ihm bestellt, und jetzt wünschen wir auch, sie ihm persönlich zu übergeben, nicht wahr, junger Mann?«

Es schien ihr Spaß zu machen, mich zu protegieren, vielleicht war ja auch ich ihr guter Engel, der ein wenig Abwechslung in ihr Dasein brachte, wer weiß? Jedenfalls gab sie nicht eher Ruhe, bis er endlich erschien. Mit abwesendem Blick betrachtete er erst die Dame, dann mich, dann die Anemonen, die ich ihm entgegenhielt.

»Zwei Dutzend«, sagte ich und holte tief Luft. »Frisch wie ein Sommerregen. Weiß wie ein Sonntagshemd. Die einzigen Anemonen, die in Paris zu bekommen sind.«

Einen Moment lang dachte ich, er erinnere sich gar nicht. Doch dann lachte er, besah sich die Blumen, prüfte jedes Blütenblatt, hielt sie gegen das Licht, inspizierte sogar die Stängel, hielt sie mit den Köpfen nach unten und schüttelte sie, und gerade, als ich dachte, dass ich der größte Idiot von ganz Paris war, Yvette sich über mich totlachen und mein Vater mit Prügel nicht sparen würde, da zauberte dieser Mann zwei Münzen aus seiner Tasche und drückte sie mir in die Hand.

»Die eine ist für heute,« sagte er, »und für die zweite bringst du mir morgen wieder welche. Genau solche. Zwei Dutzend. Weiß. Und ebenso frisch.«

Erst auf der Straße wagte ich, meine Hand zu öffnen. Ich erschrak. Es waren zwei Münzen aus Gold, wie ich sie noch nie zuvor gesehen hatte.

Ich brachte ihm Blumen. Was immer er gerade wünschte. Die meisten Namen hatte ich noch nie gehört, ich sagte sie mir vor wie ein Gebet, bis ich sicher war, sie nicht mehr zu vergessen. Bald kannte ich alle Großhändler der Stadt, alle Gärtner, mein Repertoire an Blüten wuchs, niemals verwechselte ich Glycinien mit Gladiolen oder Reseda mit Ranunkeln. Seine Wünsche wurden immer ausgefallener, was ich bei den Händlern nicht bekam, stahl ich aus Gärten, manchmal fand ich, was er wünschte, am Fluss, neben Bahndämmen, in den Parks. Von meinem ersten, vor dem Vater versteckten Ersparten kaufte ich ein illustriertes Pflanzenlexikon. So waren es die Blüten, von denen ich das Lesen lernte.

Es dauerte eine Weile, bis ich dahinterkam, wozu Monsieur die Blüten brauchte. Dass man etwas anderes mit ihnen anfangen konnte, als sie in eine

Vase zu stellen oder, war man ein Mädchen, sie ins Haar oder ans Kleid zu stecken, lag außerhalb meiner Vorstellungskraft. Beides taten nur reiche Leute, die Menschen aber, die bei Monsieur Lalique über die Schwelle traten und damit ein Glockengeläut zum Erklingen brachten, schmückten sich mit Blüten aus Gold und Edelsteinen.

Viele Wochen bekam ich Monsieur nicht mehr persönlich zu Gesicht, ich lieferte die Blumen am Dienstboteneingang ab und erhielt meine Münze, bis die Magd mich eines Tages ins Haus bat. Ehe ich michs versah, stand ich in einem Saal mit hohen Fenstern, die das Tageslicht hereinließen wie in einen Garten. Zwei Dutzend Männer saßen über halbrund ausgeschnittene Tische gebeugt, Vergrößerungsgläser vor das Auge geklemmt, feines Werkzeug in den Händen. Hier stieg eine Flamme auf, dort zischte und qualmte es, an einer Wand entlang waren Öfen installiert. Ich vergaß, warum ich gekommen war, vergaß die Blumen im Seidenpapier, die ich vor mir hertrug, Klatschmohn, seit drei Wochen brachte ich täglich Mohnblüten, die so empfindlich waren, dass ich heilfroh war, sie unverdorben ans Ziel zu bringen.

Da sah ich ihn. Er stand vor einer Wand, an die Zeichnungen geheftet waren. Mohnblüten, ineinander verschlungen, dazwischen das Gesicht eines Mädchens, als würden die Blumen aus ihrem Kopf herauswachsen. Oder das Mädchen aus den Blüten.

Er nahm mir mein Päckchen ab und warf es auf den Tisch.

»Bring mir einfache Blüten«, sagte er zu mir, kramte in seiner Tasche und gab mir ein Geldstück, »nimm eine Kutsche und fahr hinaus nach St. Germain, dort auf den Sumpfwiesen pflücke mir Wiesenschaumkraut, Sauerampfer, Schafgarbe, Kuckucksnelken, was du findest, vielleicht auch ein paar Zweige, Kiefernzweige mit frischen Trieben, Efeu, Gräser, am liebsten würde ich selbst hinausfahren, aber ich habe keine Zeit.«

Er fuhr sich mit der Hand über die Augen. Ich schaute mich um, auf seinem Arbeitstisch lagen halbfertige Arbeiten, das Mohnmädchen nahm Gestalt an, das Gesicht in durchscheinendem Grün, die Blüten blau.

»Warum sind sie blau?«, fragte ich.

Er blickte auf. Sein Schnurrbart zuckte.

»Stell dir vor«, sagte er, »sie wären rot. Wie würde das Ganze wirken?«

Ich zuckte die Schultern. Solche Fragen hatte mir nie jemand gestellt. Mohnblüten waren nun einmal rot, manchmal auch weiß oder rosafarben, aber niemals blau. Ich versuchte mir vorzustellen, wie das Schmuckstück wirken würde, wären die Blüten rot.

»Bei mir findest du niemals Rot, außer, ein besonders schöner Stein setzt seinen Akzent, aber er muss wirklich außergewöhnlich sein, um sich in diesem Atelier zu behaupten. Meine Farben sind die des Wassers und der Luft.«

»Welche Farbe hat die Luft?«, entfuhr es mir.

»Schau hinauf in den Himmel, welche Farbe hat er?«

»Heute blau«, sagte ich. »Aber oft ist er auch grau.«

»Wirklich?«, fragte er zurück. »Was ist die Farbe des Nebels, der Wolken, wenn die Sonne sich hinter ihnen verbirgt, sie aber dennoch zum Leuchten bringt? Ist es wirklich ein Grau? Komm her!«

Er öffnete eine Schublade. Auf dunklen Samt gebettet lagen unzählige Steine. Alle schimmerten milchig-weiß und erschienen mir auf den ersten Blick völlig gleich, bis etwas Seltsames mit meinen Augen geschah, es war, als würden sie schärfer eingestellt, und da sah ich die Unterschiede: Bei den einen bemerkte ich einen Hauch ins Gelbe wie bei frischer Sahne, bei anderen kaum merklich ein Spiel ins Grüne oder Blaue und manchmal beides zugleich, wieder andere waren in der Farbe jener Rosen, die auf den ersten Blick weiß erscheinen, sich bei genauer Betrachtung aber als rosé erweisen. Farben, für die ich keine Namen hatte.

»Grau?«, fragte Lalique. Ich schüttelte den Kopf.

Er öffnete andere Fächer, und es wurde kühl und klar in meinem Kopf, es war, als hätte jemand aus jedem einzelnen Sonnentag ein Stück Himmel herausgebrochen und hier in diese Schublade gesperrt, durchscheinend wie ein Frühlingsmorgen, strahlend wie ein Sommertag, grünlich wie ein Gewitterhimmel, violett wie ein Abendrot.

»Aber ... wozu brauchen Sie überhaupt meine Blüten? Sie machen ja doch, was Sie wollen!«

Wieder lachte er. Dann ging er zum Tisch, löste heftig das Seidenpapier, dass der ganze Strauß durcheinanderfiel, zerrte einen Mohnstängel hervor, dass mir der Atem stockte, warf ihn auf den Tisch, wo er ein Blütenblatt verlor, sich wand und halb gekrümmt liegen blieb.

»Darum!«

Ich starrte ihn an, verstand nichts.

»Siehst du die Form, die Gestalt? Das Leben, das sich aufbäumt und doch bald verwelken wird? Das ist das Neue. Natur, nicht, wie wir sie haben wollen, sondern so, wie sie ist. Die Bewegung im Unbewegten. Das Fließen, Ranken, Wachsen, auch wenn es nichts anderes ist, als totes Gold. Das Sterben und Vergehen. Ja, damit schmücken sich die Damen unserer Zeit tatsächlich am liebsten, mit dem Sterben. Aber schön muss es sein. Schön wie deine Blumen.«

Und dann lachte er, dass ich fürchtete, er habe den Verstand verloren, und doch wusste ich, was er meinte, verstand, warum das Antlitz des Mohnblütenmädchens so grün war wie Absinth und auf den anderen Bildern silberblau wie der Wintermond, ich verstand auch meinen Vater, der einige Jahre später vor der Fledermausvitrine den Kopf schüttelte, von Zerfall und Krankheit sprach; aber schön war diese Krankheit, so schön wie meine Blumen.

So fuhr ich also hinaus nach St. Germain oder ans Ufer der Seine, schnitt für ihn Disteln und Brombeerranken, Wurzeln und Gräser, im Herbst die Früchte des Ahorn und im Frühling die Blüten des Schneeballbuschs, im Sommer Ehrenpreis und Königskerzen, und im Winter versorgte ich ihn mit perlfarbenen Rosen aus den Gewächshäusern. Alles, was ich brachte, wanderte durch seine Finger, wie ein Blinder ertastete er die Pflanzen, verwarf das Meiste, von dem Wenigen, was standhielt, fertigte er unzählige Skizzen, fand etwas Eingang in einen neuen Entwurf, jagte er mich zurück an den Fundort, wollte mehr davon, immer mehr, möglichst gleich, denn nach wenigen Tagen wurden Blüten, Blätter, Dolden und Fruchtstände müde und schlaff.

Eines Tages kam ich in sein Atelier und fand ihn über einer Skizze, vollkommen vertieft und selbstvergessen. An einem Faden hatte er eine einzelne Anemone am Stiel so aufgehängt, dass ihr Kopf nach unten hing. Sie war so gut wie verwelkt, ein einziges Blütenblatt, durchscheinend wie Papier, klebte noch, wie der Flügel eines Insekts, am Stempel. Eine Weile sah ich zu, wie er diese Pflanzenruine zeichnete. Dann sah er auf.

»Wie findest du das?«, fragte er mich.

»Ich muss Ihnen schlechte Dienste erweisen,« sagte ich, »sonst würden Sie sich nicht mit einer halbtoten Anemone abmühen! Gleich hole ich Ihnen eine frische.«

Er lachte.

»Es wird ein Anhänger. »Entblätterte Anemone«, wie gefällt dir der Namen?«

Ich schnaubte.

»Niemand wird sie kaufen! Wer will sich schon eine entblätterte Anemone um den Hals hängen?!«

»Sie ist bereits verkauft!«, sagte er und wandte sich seiner Arbeit zu.

Ich traf den Armenier, als er den Anhänger abholte. Er sprach mit einem seltsamen Akzent, und dass er reich war, das roch ich schon von Weitem. Er kaufte, was Lalique machte, seine Frau stellte ich mir von oben bis unten mit Schmuck behangen vor wie einen Weihnachtsbaum, bis mir einer der Goldschmiede erzählte, er lege die Schmuckstücke bei sich zu Hause sogleich in vor Diebstahl gesicherte Vitrinen. Ich fragte mich, was wohl mein Vater dazu sagen würde, doch mein Vater zog seinen Kohlekarren in einer anderen Welt, die Existenz von der Schönheit des Sterbens in den Vitrinen eines reichen Armeniers lag in einem anderen Universum. Von dem Goldschmied erfuhr ich außerdem, der Armenier habe sein Vermögen mit internationalen Ölgeschäften gemacht, im Öl, das in den Ländern des Orients unter der Erde ruhe, läge die Zukunft, und bis in alle Ewigkeit bekäme der Armenier aus allen Transaktionen, die auf der ganzen Welt getätigt würden, fünf Prozent. Darum nenne man ihn auch Mister-Five-Percent, weil er kein einziges Geschäft abschließe, an dem er nicht mindestens so beteiligt sei. Und mit all dem vielen Geld, das täglich mehr würde, wie das Petroleum ununterbrochen in die zivilisierte Welt flösse gleich einem Strom des Lebens, und die Kohle auf dem Karren meines Vaters früher oder später überflüssig machen würde, häufe sich der Armenier einen Schatz an, um den ihn jetzt schon so mancher König beneide.

»Du handelst also mit Blüten«, sagte der Armenier. »Ich hoffe, du stellst dich geschickt an und bist bald ein reicher Mann.«

»Sicherlich könnte ich von Ihnen noch eine Menge lernen«, entgegnete ich. »Was ist Ihre Meinung: Sollte mich Monsieur Lalique nicht bei jedem Schmuckstück, das er nach einer meiner Blüten gestaltet, mit fünf Prozent des Verkaufspreises beteiligen?«

Der Armenier lachte, bis ihm die Tränen aus den Augen traten.

»Du bist ein frecher Kerl«, sagte er und fügte ernst hinzu, »so einfach geht es jedoch nicht zu in der Welt. Wenn du über jede einzelne Blüte von Paris, was sage ich: von Frankreich gebieten könntest, auf jede noch so kleine Primel auf irgendeiner Wiese dein Patent hättest, ja dann müsste Monsieur Lalique wohl notgedrungen mit dir in Verhandlung treten. Doch wie die Dinge stehen, kann er jederzeit auf einen anderen Gärtner zurückgreifen oder sich selbst hinausbequemen, um sich sein Grünzeug zu holen. Aber für einen gewitzten Burschen wie dich gibt es noch andere Möglichkeiten, sein Glück zu machen, und wir wollen sehen, ob wir dem nicht ein bisschen nachhelfen werden. Aus purem Plaisir – was meint du, René?«

Sie beschlossen, mich auf einen Ball mitzunehmen. Einen Schritt hinter den beiden Herren prägte ich mir jedes einzelne der prachtvollen Blumenbouquets ein, mit denen das Portal, die Treppen, Empore und Ballsaal geschmückt waren, überschlug im Kopf den Einkaufspreis, registrierte mindere Qualitäten und langweilige Kombinationen, ja, die Arbeit für Monsieur hatte meinen Blick geschult und meine Fantasie beflügelt. Warum nur Rosen und Lilien verwenden, wo es doch ein ganzes Lexikon voller Blüten gab?

Der Armenier stellte mich einigen vornehmen Damen vor, ich memorierte im Stillen ihre Namen wie ein Gebet, bewunderte die Blütengestecke in ihren Haaren, an ihren Handgelenken, in ihren Dekolletés.

»Der Junge ist ein wahrer Blumenmagier«, sagte der Armenier und, hinter vorgehaltener Hand geflüstert, »übrigens beliefert er Lalique«, und als ich im Morgengrauen nach Hause ging, hatte ich einen dicken Stapel Billets mit Bestellungen in der Tasche.

Dann ging alles sehr schnell. Der Armenier vermittelte mir Räume in bester Lage, in denen ich mein eigenes Geschäft eröffnete. Darin fertigte Yvette mit ein paar Freundinnen nach meinen Vorbildern die Gestecke, während Madeleine in dem Atlaskleid, das ich ihr gekauft hatte, wie ein ehrwürdiger Drache an der Kasse wachte. Jeden Tag schmückte ich mein Schaufenster neu, mal baute ich einen Wald nach mit abgestorbenen Ästen, Moos und Pilzen, zwischen denen Orchideen in Körben hingen wie Feengirlanden, ein anderes Mal verwandelte ich es mit Hilfe eines Waschzubers, den ich mit Schilf kaschierte, in einen Seerosenteich, über dem Libellen schwebten, der Sinn fürs Theatralische war mir in Fleisch und Blut übergegangen, noch lange, bevor ich *sie* kennenlernte.

Sie war die größte Schauspielerin aller Zeiten. Als der Armenier sie mir vorstellte, hatte ich davon keine Ahnung, ja, heute weiß ich, dass es gerade diese Unbefangenheit war, die mir den Weg ins Glück so eben machte. Ich drückte ihre Hand und dachte, mein Gott, ist sie zart, den Schmuck in ihrem kupferfarbenen Haar erkannte ich sofort. »Diese Anemonen«, sagte ich, »waren die ersten Blüten, die ich Monsieur Lalique vor vielen Jahren brachte, weiße Anemonen im Mai, die halbe Stadt bin ich nach ihnen abgelaufen«.

So begann meine Freundschaft mit Sarah Bernhardt.

»Verscherze es dir nie mit dem Armenier«, sagte sie mir viele Monate später, »ist er dein Freund, dann bist du der glücklichste Mensch. Aber wehe, du machst ihn dir zum Feind. Es gibt Menschen, die haben das nicht überlebt«. Sie sagte es, und ich vergaß es wieder, so wie ich auch die Warnungen meines Vaters vergaß, ich hatte keine Zeit, mir Sorgen zu machen, ein wahres

Blütenfieber war unter den Pariser Damen ausgebrochen, jede wollte ihren Ballschmuck von mir und jede anders. Dennoch vergaß ich nicht meinen alten Freund, Monsieur Lalique.

»Du musst mir keine Blüten mehr bringen«, sagte er eines Morgens. »Das kommt überhaupt nicht in Frage«, begehrte ich auf, »glauben Sie, ich überlasse Sie diesen grässlichen Käfern und Heuschrecken? Wer um Himmels Willen soll das tragen?«

Angewidert betrachtete ich seine neueste Arbeit, zwei riesige schwarze Käfer hielten in ihren einander zugewandten Zangen einen roten Stein.

»Niemand wird das tragen«, antwortete Lalique geduldig, »zum Glück gibt es noch Menschen, die das Neue zu schätzen wissen. Dies hier wird wenigstens kein Allerweltsgoldschmied kopieren wollen«, fügte er erbittert hinzu.

Ich schwieg. Er hatte einen seiner besten Mitarbeiter entlassen müssen. Hinter seinem Rücken hatte der Entwurfszeichnungen an die Konkurrenz verkauft.

»Erfolg bringt Neider«, sagte ich.

Er zuckte die Schultern.

»Blüten machen inzwischen alle, nicht so gut wie ich, keiner von diesen Stümpern kann Insektenflügel aus hauchfeinem Emaille schaffen oder vermag Horn so zu verarbeiten, dass er aussieht, wie flüssiges Gold, aber den Kunden ist das egal. Hauptsache, es sieht aus wie Lalique und ist nicht gar so teuer. Weißt du was? Bald werde ich den Schmuck ganz aufgeben.«

»Aufgeben? Das glaube ich nicht!«

»Doch, du wirst sehen.«

Da hielt ich die Zeit gekommen, mein Geschenk auszupacken. Es war ein Venusschuh, der perfekter nicht hätte sein können. Elfenbeinfarben schimmerte der Kelch, während das wie ein Baldachin geformte obere Blütenblatt von der Farbe finstersten Bordeaux' war. Der Stempel der Blüte glänzte golden wie ein Honigtropfen. Glücklicherweise hatte ich mir den ganzen Pflanzenstock sichern können, nie zuvor hatte ich ein schöneres Exemplar gesehen, und dies war die erste Blüte, gerade gut genug für meinen Freund. Lalique allerdings zeigte keine Regung. Er überließ es mir, die Orchidee in ein Glas zu stellen, und als ich mich verabschiedete, hatte ich die Hoffnung aufgegeben, noch irgendeine Blüte zu finden, die ihn in seine alte Begeisterung versetzen könnte.

Vielleicht war es diese Ratlosigkeit, die mich daran hinderte, ihn in den nächsten Wochen, ja, Monaten zu besuchen. Bring mir keine Blüten mehr, hatte er gesagt, doch meine neuen Kundinnen wollten wahre Blütenmeere von mir, mehr, als Yvette und ihre Truppe bewältigen konnten. Es war wie ein Rausch, sagte ich »Hyazinthen«, dann trug *tout Paris* nur noch Hyazinten, sagte ich »Margeriten«, dann drehte sich alles im Kreis dieser Blüte. Eines Nachts träumte ich davon, wie ein Zauberer über alle Blumen der Welt zu gebieten, auf meinen Fingerzeig hin erblühten und verwelkten sie, und meinem Vater, der wie immer nur Unkenrufe für mich hatte, wuchsen statt Warnungen Leberblümchen aus Mund und Nase. Die Geschäfte gingen glänzend, ich stellte drei junge Floristen ein, suchte neue, größere Räume.

Hätte ich in diesen Monaten auch nur ein einziges Mal Monsieur Lalique besucht, alles wäre anders gekommen. Aber so war ich völlig ahnungslos, als ich das Billet des Armeniers erhielt, mit dem er die Crème de la Crème der Pariser Gesellschaft einlud, um ihnen das neueste Werk aus der Werkstatt seines Freundes zu präsentieren. Ein weiteres Heuschrecken-Collier, dachte ich, schlimmstenfalls eine Käferbrosche.

Für diesen Anlass schuf ich unzählige Blütengestecke. Auch Sarah Bernhardt, eben von einer Tournée durch Amerika zurückgekehrt, bat mich um einen Schmuck für ihr Haar. So schuf ich für sie ein schlichtes Gesteck, das sie wie ein Diadem auf dem Kopf trug, inmitten ihres aufgetürmten, roten Haares: ein einzelner Venusschuh, rechts und links flankiert von bereits verwelkten und getrockneten Exemplaren, die wie Schattenspiele der Hauptblüte erst Fülle und den dekadenten Hauch von Vergänglichkeit gaben, die unsere Zeit so sehr liebt.

Sie sah königlich aus. Darum verstand ich nicht, warum das Gesicht des Armeniers erstarrte, als er ihr die Hand reichte. Warum mein Freund Lalique mich ansah, als hätte ich ihm soeben den Todesstoß versetzt. Ein Raunen lief durch die Gäste. Und dann sah ich es. Auf einem Podest stand des Meisters neueste Arbeit. Lalique hatte dasselbe Diadem geschaffen wie ich. Meines lebte. Seines war aus Elfenbein und Horn. Statt des Honigtropfens glänzte ein tränenförmiger Topas im Herzen der Blüte.

Keiner glaubte mir, dass ich nicht die geringste Ahnung von dieser jüngsten Arbeit meines Freundes hatte. Und wenn ich ehrlich bin, ich hätte es selbst nicht geglaubt. Die Geschichte, die in der Stadt kursierte, hörte sich weit wahrscheinlicher an, als die Wahrheit. Vom Blumenverkäufer auf der Brücke zum gefragtesten Floristen von Paris war mir der Erfolg zu Kopf gestiegen. So hatte ich mit voller Absicht dem Triumph meines Gönners die

English summary -> P. 177

Pointe gestohlen. »Ein Parvenu«, sagte *tout Paris*, »weiter nichts.« Fortan würde man seine Blumen anderswo kaufen.

Vielleicht wäre das Blatt noch zu wenden gewesen. Vielleicht hätten sich nach ein paar Wochen die Wogen geglättet. Aber dann geschahen ein paar »armenische Zufälle«, wie Sarah es nannte. Ihrer Meinung nach kann ich froh sein, sie überlebt zu haben. So aber wurden lediglich all meine Blumentransporte so lange aus unerklärlichen Gründen aufgehalten, bis ihre empfindliche Fracht verdorben war. So erschien urplötzlich die Finanzpolizei, beschlagnahmte meine Bücher und entzog mir ohne jede Begründung die Linzenz für mein Geschäft. Ein Glück, das auf so etwas Flüchtigem wie Blüten gebaut ist, dem ist eben nicht zu trauen, sagt mein Vater. Lalique hat sich eine Glasfabrik gekauft und macht heute Flacons. Und ich? Ich stehe wieder auf der Brücke. Ich stehe auf der Brücke und sehe in das fließende Wasser. Vielleicht ist es Zeit, eine Reise zu machen. Anderswo, sagt Sarah, wachsen Blumen, von denen hast du noch nicht einmal geträumt.

English summary

P. 166–176: Blüten für Paris

Flowers for Paris
Tale
Beate Rygiert

Jacques sold flowers on a bridge across the Seine at the turn of the century. One day a man stopped in front of the young man and asked for white anemones. The man was René Lalique and that day the fortunes of the little flower-seller took a turn for the better. Thenceforward he would supply the artist in jewellery with exceptional flowers. Jacques gradually became indispensable and penetrated ever more deeply into the world of the rich and beautiful. Youthful and unself-conscious, he was entirely natural in high society and gained a rich Armenian as a patron and made friends with Sarah Bernhardt. While still a young man, he became the florist most in demand in Paris. He seemed to have made his fortune. Then he discovered an extraordinarily beautiful Lady's Slipper orchid, of which he took a specimen to his friend Lalique. Who could have known that this very flower would prove his undoing?

For that occasion I created innumerable corsages. Sarah Bernhardt, who had just returned from an American tour, also asked me for a floral arrangement for her hair. So I created a simple corsage for her, which she wore like a tiara on her head in the midst of all that piled up red hair: a single Lady's Slipper, flanked to left and right by already faded and dried specimens that represented the simulacra of the main bloom, first its prime and then the decadent whisper of transience so beloved in our day.

She looked regal. So I could not understand why the Armenian's face froze when he gave her his hand. Why my friend Lalique looked at me as if I had given him the coup de grâce. A murmur arose among the guests. And then I saw it. The master's most recent work stood on a pedestal. Lalique had created the same tiara as I had done. Mine was living. His was of ivory and horn. Instead of a drop of honey, a teardrop-shaped topaz glistened at the heart of the flower.

From: *Blüten für Paris* by Beate Rygiert

Künstler/*Artists*
Bei den genannten Ausstellungen handelt es sich jeweils um eine Auswahl. Ausstellungen aus der Zeit vor dem Jahr 2000 wurden nur in Ausnahmefällen berücksichtigt. Auf die Wiedergabe von Biografien der historischen Schmuckkünstler wurde aus Platzgründen verzichtet.

The exhibitions listed represent only a selection. Exhibitions before 2000 are only mentioned in exceptional cases. The biographies of the makers of the antique jewellery shown have not been included due to lack of space.

Zeitgenössischer Schmuck/*Contemporary Jewellery*
(S. 36–47)

Gijs Bakker
Geboren 1942 in Amersfoort, lebt in Amsterdam.

Einzelausstellungen
2007 »Gijs Bakker and Jewelry«, Pinakothek der Moderne, München
2005 »SM's«, Stedelijk Museum's-Hertogenbosch
»I don't wear jewels. I drive them«, Gallery Deux Poissons, Tokyo
2003 »Holysport«, Galleria Hipotesi, Barcelona
2002 »Gijs Bakker: A Selected Retrospective«, Houston
2001 »KunstRai«, Galerie ra, Amsterdam
Gruppenausstellungen
2004 »Brillant(e) Kunst«, Meran
2002 »10 Jahre Galerie Biró«, München
»Dutch Diversity«, Lesley Craze Gallery, London
2001 »Ringe von 33 Schmuckkünstlern«, Galerie Stühler, Berlin
»Chi ha paura...?«, Salone Internazionale del Mobile, Mailand

Iris Bodemer
Geboren 1970 in Paderborn, lebt in Pforzheim.

Einzelausstellungen
2004 Galerie tactile, Genf
2004 Galerie jewelers' werk, Washington DC.
2002 Galerie Marzee, Nijmegen
2001 Werkstattgalerie, Berlin
Gruppenausstellungen
2006 Grover/Thurston Gallery, Seattle
»bijoux, cailloux...«, Espace Solidor, Cagnes-sur-Mer
2005 »Hanging in Balance«, University of Texas, El Paso
2004 Kunsthandwerk Baden-Württemberg, BdK, Freiburg
2002 »Extrakt Bauhaus«, Archiv/Museum für Gestaltung, Berlin
2001 »Schmuck lebt!«, Schmuckmuseum Pforzheim

Helen Britton
Geboren 1966 in Lithgow, Australien, lebt in München.

Einzel- oder Doppelausstellungen
2006 »Urban Paradise Playground Objectspace«, Auckland
2005 »Nature Stories«, Galerie Biro, München
»Home Ground, FORM«, Western, Australia
»Second Nature«, Gallery Louise Smit, Amsterdam
2004 »Crisscrossing«, Galerie Hélène Porée, Paris
2003 »Ping Pong«, mit Doris Betz, Galerie Oona, Berlin
»Silk purse from a sows ear-uus Schyssdrägg Angge mache« (mit David Bielander), Galerie Biro, München und jewelers' werk, Washington DC
2002 »Pink World«, Galerie Louise Smit, Amsterdam
»Surprising Worlds« (mit Doris Betz), Gallery Funaki, Melbourne
2001 »Two Shining Stars from the Southern Hemisphere« (mit Lisa Walker), Galerie Oona, Berlin

Renata Del Medico
Geboren 1957 in Civitanova, Italien, lebt in Amsterdam.

Einzel- und Gruppenausstellungen im In- und Ausland, u.a.:
»Soft Landscapes«, Galerie ra, Amsterdam
International glasses design competition, Fukuj, Japan
»Nine Hats«, Museum of Modern Art Pecco of Prato, Italien
»Schmuck Objekte«, Lituo design shop, Florenz

Georg Dobler
Geboren 1952 in Bayreuth, lebt in Berlin und Hildesheim.

Einzelausstellungen
2006 Galerie Hurong Lou Philadelphia
2005 Galerie HNOSS, Gotenburg
Galerie ra, Amsterdam
2004 Werkstattgalerie Berlin
2003 Galerie Spektrum, München
2002 Galerie Grosche, Castrop Rauxel
Galerie Drutt/Wexler, Philadelphia
2001 Galerie Helen Drutt, Philadelphia
2000 Galerie Spektrum, München

Galerie ra, Amsterdam
Grassi Museum, Museum für Kunsthandwerk, Leipzig

Ausstellungsbeteiligungen

2006 »Plus 5« Galerie Spektrum, München
»Choice«, Schmuckmuseum Pforzheim, Goldschmiedehaus Hanau
2005 »SOFA«, trade fair, Helen Drutt and Hurong Lou Galerie, New York
»Minimal Art«, Studio GR 20, Padua
»Art and Crafts« , Itami, Japan
»Transformations, The Language of Art«, National Gallery of Australia
2004 »Schmuck 2004«, Sonderschau IHM, München
»Die Neue Sammlung«, Pinakothek der Moderne, München
2003 »Contemporary Jewelry from the Helen Williams Drutt Collection MFAH«, Museum of Fine Arts, Houston
2001 20 Jahre Galerie Spektrum, München
2000 »Obsessions«, Galerie Spektrum, München

Iris Eichenberg

Geboren 1965 in Göttingen, lebt in Amsterdam.

Einzelausstellungen

2007 Galerie Louise Smit, Amsterdam
»SOFA«, Galerie Ornamentum, New York
2005 Galerie Metallum, Stockholm
Galerie Louise Smit, Amsterdam
Galerie SO, Solothurn
2004 Galerie Metal, Kopenhagen
Galerie Louise Smit, Amsterdam
2003 Huis Rechts, Amsterdam
2002 »Verzameld Werk, Waldeslust 2«, Gent
2001 Galerie tactile, Genf

Gruppenausstellungen

2006 Museo Tambo Qirquincho, Elegancia Holandesa, La Paz, Bolivia
»Schmuck 2006«, Museum of Art and Design, New York
2005 »Inspired by Nature?« Bergianska Botanical Garden, Galerie Platina, Stockholm
2004 Fondation Calouste Gulbenkian, Lissabon
Deutsche Akademie Villa Massimo, Rom
2003 »Int. contemporary jewellery«, CaixaForum, Barcelona
»Bare Boundaries«, Tallin Applied Art Museum
2002 »British/Dutch Ceramics«, Frans Hals Museum, Haarlem
»Home Made Holland«, Crafts Council Gallery, London
2001 »Design Award«, Museum Boijmans Van Beuningen, Rotterdam
»Schmuck lebt!«, Schmuckmuseum Pforzheim
2000 Tropenmuseum, Amsterdam
Museum für Kunst und Gewerbe, Hamburg
»The Ego Adorned«, Königin Fabiolasaal, Antwerpen

Ute Eitzenhöfer

Geboren 1969 in Bruchsal, lebt in Idar-Oberstein.

Einzelausstellungen

2007 Galerie Marzee, Nijmegen
2004 »Schmuck aus, mit und über Papier«, Atelier Prüll, Weiden
2002 Galerie Marzee, Nijmegen
2000 Galerie Spandau, Berlin

Ausstellungsbeteiligungen

2006 »Choice«, Schmuckmuseum Pforzheim, Goldschmiedehaus Hanau
2005 Villa Bengel, Idar-Oberstein
2004 Gestaltung Kunst Handwerk, Freiburg im Breisgau
Galerie Sofie Lachaert, Tielrode
2003 3. Biennale für zeitgenössischen Schmuck »Le lien au Corps«, Nîmes
»Inner Luxury. International contemporary jewellery«, Museum für Moderne Kunst, CaixaForum, Barcelona
9. Triennale für Form und Inhalte, Museum für Angewandte Kunst, Frankfurt am Main und Museum of Arts & Design, New York
2002 Gestaltung Kunst Handwerk, Esslingen
»extrakt«, bauhaus-Archiv, Museum für Gestaltung, Berlin
»El broche«, Forum Ferlandina, Barcelona
2001 8. Triennale für Form und Inhalte, Object Gallery, Customs House, Sydney
»Sieraden, de Keuze van Apeldoorn«, Van Reekum Museum, Apeldoorn
2000 Kunsthandwerk Baden-Württemberg, Hällisch-Fränkisches Museum, Schwäbisch Hall
»Parures d'ailleurs, parures d'ici: incidences, coincidences?«, Musée de design et d'arts appliqués contemporains, Lausanne

Anna Heindl

Geboren 1950 in Perg, lebt in Wien.

Einzelausstellungen

2007 Galerie Slavik, Wien
2001 Galerie Sofie Lachaert, Tielrode

Gruppenausstellungen

2006 Galerie Berndt, Regensburg

2005 »L'or bijoux d'Europe«, Cité de L'Or St. Armand Montrond, Museum of Fine Arts, Houston
2004 Museum Bellerive, Zürich
Galerie im Traklhaus, Salzburg
2003 »Aspekte österreichischer Schmuckkunst«, Wako Hall, Tokyo
2001 »Turning Point in Sheffield«, Electrum Gallery, London
2000 Int. Design Center Nagoya, Japan
»Künstlerschmuck aus dem 20. Jahrhundert«, Königin Fabiolasaal, Antwerpen
»Kunst Hautnah«, Künstlerhaus, Wien

Birgit Laken
Geboren in Leiden, lebt in Haarlem, Niederlande.

Einzelausstellungen
2007 The Scottish Gallery, Edinburgh
2006 »Het oude raadhuis«, Hoofddorp
2005 Galerie Petra Spuijbroek, Haarlem
2004 Galerie Bianca in de Molen, Wassenaar
Galerie ra, Amsterdam
2003 Galerie Artwindow, Heemstede
Gruppenausstellungen
2007 »Cécile van Eeden en design Daily's«, Eindhoven
»Mokume gane«, Schmuckmuseum Pforzheim
State Hermitage Museum, Sankt Petersburg
Galeria Reverso, Lissabon
2006 Museum De Fundatie, Zwolle
Be-a-Queen, Amsterdam
Galerie SO, Solothurn
2004 Vishal, Haarlem
Expozee, Noordwijk, Niederlande
2003 Ilias Lalaounis Jewelry Museum Akropolis, Athen
Stedelijk Museum, Roermond
2002 Hiko Mizuno College of Jewellery, Tokyo
Gallery one, The Dick Institute, Kilmarnock, Schottland
2001 »Schmuck 2001«, Handwerksmesse, München
American Craftsmuseum, New York
Gewerbemuseum, Wintherthur
2000 Objects of Desire Gallery, Louisville, USA
Arts Fair, Chicago, Arts Fair, New York, Musée de design et d'arts appliqués contemporains, Lausanne
Museum für Moderne Kunst Arnheim, Niederlande

Wolfgang Lieglein
Geboren 1957, lebt in Berlin.

Seit 1989 zahlreiche Ausstellungen im In- und Ausland

Winfried Krüger
Geboren 1944 in Bauschlott, lebt in Pforzheim.

Einzel- und Gruppenausstellungen 1973-2006
Galerie Marzee, Nimwegen
»international jewellery art exhibition«, Tokyo und Osaka
»Metaforum«, Museum für Kunsthandwerk, Helsinki
»Galerie Ph. Debray, Riihimäki, Finnland
»7 Goldschmiede - 50 Stücke«, Kunstgewerbemuseum, Berlin
»Beauty is a story«, Museum voor Hedendaagse Kunst, 's-Hertogenbosch
»Was ihr wollt«, Badisches Landesmuseum Karlsruhe
»Six Pack«, Deutsches Goldschmiedehaus Hanau
»Jewellery in Europe and America«, Crafts Council Gallery, London
Galerie Spektrum, München

Nanna Melland
Geboren 1969 in Oslo, lebt in München.

Einzel- und Gruppenausstellungen
2007 »Des habits et nous – Vêtir nos identités«, Rennes
2006 »Smykkenes Avantgard«, Det runde Tårn, Kopenhagen
»Tatort – Mark your Territory«, Galerie Marzee, Nijmegen
2005 »In Corporer«, Biennale for Contemporary Jewellery, Nîmes
»Tatort – Tatwort«, Galerie Marzee, Nijmegen
»Puls«, Galerie die Schmiede, Aying
2004 »Juweel – Amsterdam, Pedaloop – München, Synchronize – Tokio«, Drei Schulen Projekt
»Tatort – VIP«, Galerie Marzee, Nijmegen
2003 »Tatort – Koffer – My Suitcase is my Oyster«, Galerie Marzee, Nijimigen
»In aller Stille«, Franziskanermuseum, Villingen-Schwenningen
2002 »From 00 to 00«, Galerie Oona, Berlin
»Right on time«, Dom Museum, Frankfurt am Main
»Schmuck«, Städtische Galerie im Cordonhaus, Cham
2001 »Objekter til drømme«, Galerie Aurum, Kopenhagen

Iris Nieuwenburg
Geboren 1972 in Bergen aan Zee, Niederlande.

Einzelausstellungen
2006 »Still lives and precious things«, Galerie Louise Smit, Amsterdam
2004 »Butterfly«, Inez Stodel, antiquaire, Spiegelstraat, Amsterdam

2003 »KunstRai ›New Directions‹«, trade fair, Butterfly collection
»Presented as young talent«, Galerie Louise Smit, Amsterdam
Gruppenausstellungen
2007 »Schmuck 2007«, Oratorio San Rocco, Padua
»Golden Glogs, Dutch Mountains« – new jewellery from the Netherlands, Gallery Velvet Da Vinci, San Francisco
»Sakura«, Gallery O-Jewel, Tokyo
2006 »KunstRai«, trade fair, Galerie Louise Smit, Amsterdam
»Defrost«, München
2005 »True luxury«, jewellery and objects, Idar Oberstein
2004 »Les Enfants«, jewellery and objects, Galerie Marzee, Nijmegen
»Spring exhibition«, Gallery Julie Artisans, New York
2003 »Vanzelfsprekend«, jewellery, furniture, product design, Galerie Legio,Tilburg
2002 »XXS«, Gallery Jos Art, Amsterdam
»L'ornament est-il toujour un crime?«, Presentation butterfly collection, Genf
2001 »Pearl necklaces presentation«, Museum Watari, Tokyo

Annelies Planteijdt
Geboren 1956 in Rotterdam, lebt in Kapelle, Niederlande.

Einzelausstellungen
Galerie Marzee, Nijmegen
Galerie ra, Amsterdam
Galerie Slavik, Wien
Galerie Hélène Porée, Paris
Villa De Bondt, Gent
Gruppenausstellungen
2007 Galerie Marzee, Nijmegen
2006 »Schmuck«, Internationale Handwerksmesse, München
Museum for Arts and Design, New York
2005 »Pensieri preziosi«, Goldschmiedehaus, Hanau
2004 »Studio Marijke«, Padua
2003 »Roermond's choise«, Stedelijk Museum, Amsterdam
2002 »21 Tiaras for Maxima«, Het Kruikhuis Museum, 's-Hertogenbosch
2000 »The Ego Adorned«, Königin Fabiolasaal, Antwerpen

Katja Prins
Geboren 1970 in Haarlem, lebt in Kapelle, Niederlande.

Einzelausstellungen
2007 »Continuum«,Galerie Rob Koudijs, Amsterdam
2006 Galerie Metal, Koppenhagen
Galerie Spektrum (mit Terhi Tolvanen), München
2005 HNOSS, Göteborg
2004 »Machines are us«, Galerie Louise Smit, Amsterdam
2003 Galerie Pont & Plas, Gent
Gruppenausstellung
2007 »New Horizons«, Galerie Rob Koudijs, Amsterdam
»Schmuck 2007«, Oratorio di San Rocco, Padua
»Glass Wear«, Toledo Museum of Art, Toledo
»Golden Clogs, Dutch Mountains«, Ornamentum Gallery, Hudson / New York
2006 »Contemporary jewellery, metalwork and textiles inspired by architectural forms«, Lesley Craze Gallery, London
»Plastic. Contemporary gold«, Studio GR20, Padua
2005 »ALATYR 2005«, Kaliningrad Amber Museum, Kaliningrad
»100 Brooches Exhibition«, Gallery Velvet Da Vinci, San Francisco
2004 »200 Rings Exhibition«, Gallery Velvet Da Vinci, San Francisco
»Even souvenir voor«, Museum Van Loon, Galerie ra, Amsterdam
Glasmuseum Alter Hof Herding, Coesfeld-Lette
2003 »Halszaken«, Museum voor Moderne Kunst, Arnheim
»Dutch Souvenirs EKWC«, Salone de Mobile, Mailand
2002 »Zonder wrijving geen glans«, Centraal Museum, Utrecht
»Nature and Time«, Deutsches Goldschmiedehaus Hanau
2001 »Op de Huid«, Museum voor Moderne Kunst, Arnheim
»Gioielli Contemporanei«, Studio GR20, Padua

Marianne Schliwinski
Geboren 1944 in Sankt Peter-Ording, lebt in München.

Einzel- und Gruppenausstellungen
2005 »SOFA«, Jennifer David Collection, New York und Chicago
»Saal acht«, Artothek, Nicole Frenzel – Skulptur/Marianne Schliwinski – Fotografie, München
2004 »L'or bijoux d'Europe«, Cité de L'Or, St. Armand Montrond
2002 »Schmuck Kunst Schmuck«, Galerie Stühler, Berlin
2001 »art-vienna«, Technisches Museum, Wien
»Ringe von 33 Schmuckkünstlern«, Galerie Stühler, Berlin
2000 »prototyp & product« – Positionen Angewandter Kunst, Spiegel Tage II, Künstlerwerkstatt, München
»Schalen«, Galerie Fede Cheti, Mailand
»The Ego Adorned«, Königin Fabiolasaal Antwerpen
»Alles Schmuck«, Museum für Gestaltung Zürich
»Obsessions« Galerie Spektrum, München
»Kunst Schmuck Kunst«, Galerie Stühler, Berlin

Bettina Speckner
Geboren 1962 in Offenburg, lebt in Übersee bei München.

Einzelausstellungen
2007 »Das Eigene und das Fremde«, Deutsches Gold schmiedehaus Hanau
Gallery deux poissons, Tokyo
2006 »The everyday and the far away«, Gallery Sienna, Lenox, USA
»The everyday and the far away«, Galerie ra, Amsterdam
2005 Jeweller's werk, Washington DC
2004 Galerie Rosemarie Jäger, Frankfurt am Main
»Le jardin exotique«, Galerie Hélène Porée, Paris
2003 Gallery Sienna, Lennox, USA
Galerie Ulrike Knab, Hannover
Galerie tactile, Genf
2002 »Secret gardens«, jeweller's werk, Washington DC
»Geheime Gärten« Galerie ra, Amsterdam
2001 Galerie iBO, Klagenfurt
2000 Galerie tactile, Genf
Gruppenausstellungen
2005 »maker wearer viewer«, Makintosh Gallery, Glasgow
»The nomad room«, Centro Cultural de Belém, Lissabon
2004 »collect«, London
2003 »KORU I«, Lappeenranta, Finnland
2002 »piece de evidence«, Galerie tactile, Genf
2001 »Bijoux Noir", Galerie Hélène Porée, Paris
»Nocturnus«, Pädaste, Muhu, Finnland
2000 »The Ego Adorned«, Königin Fabiolasaal, Antwerpen
»SOFA«, mit Galerie jewelers' werk, Washington DC

Detlef Thomas
Geboren 1959 in Dormagen, lebt in Essen.

Einzel- und Gruppenausstellungen in Museen und Galerien in:
Amsterdam, Berlin, Bremen, Cambridge, Cardiff, Chicago, Erfurt, Frankfurt am Main, Groningen, Hanau, Helsinki, 's-Hertogenbosch, Honolulu, Lissabon, London, Luxemburg, München, New York City, Paris, Philadelphia, Pittsburgh, Pforzheim, Rhode Island, Rotterdam, Seoul, Staten Island, Tallinn, Washington DC, Wien

Zeitgenössische Kunst/*Contemporary Art*
(S. 80–111)

Kutlug Ataman
Geboren 1961 in Istanbul, lebt in London und Buenos Aires.

Einzelausstellungen
2006 »Küba: Journey Against the Current«, Thyssen-Bornemisza Art Contemporary, Wien
»DeRegulation«, Museum van Hedendaagse Kunst, Antwerpen
»Küba: Extra City«, Antwerpen
2005 »Küba: Theater der Welt«, Stuttgart
Museum of Contemporary Art, Sydney
2004 »Stefan's Room«, Lehmann Maupin, New York
2003 Serpentine Gallery, London
2002 »Never My Soul!«, Lehmann Maupin, New York
»Woman Who Wear Wings«, Istanbul Contemporary Arts Museum
2001 Tensta Konsthall, Schweden
2000 The Lux Gallery, London
Gruppenausstellungen
2007 Moskau Bienniale
2006 »Nature Attitudes«, Thyssen-Bornemisza Art Contemporary, Wien
»Snafu: Medien, Mythen, Mind Control«, Kunsthalle, Hamburg
»Without Boundery: Seventeen Ways of Looking«, Museum of Modern Art, New York
2004 Tate Britain, London
2002 »The 4 Seasons of Veronica Read«, documenta 11, Kassel
2001 Tensta Konsthall, Stockholm
Berlin Biennale 2, Berlin
2000 Lux Gallery, London
Helsinki City Art Museum, Helsinki
Kunstmuseum, Bonn

Bei Ning
Geboren 1956 in Schiedam, lebt in Biezelinge, Niederlande.

Ausstellungen/Projekte
2007 »From left to right«, Installation Quartair/ 18 video works, Gothenburg Gallery 52
2006–2007 »Tail out the sea, tale in the sea« (Sound), Peterhead – International Conference
»Walk-A-Round« (Projection), Harbour
2006 »Eye in Eye« (Filmanimation), »Home-Sweet-Home« (Installation), Museum, Middelburg
2005–2006 »Commission for developing of sixtyone minute films about the Daily Habits of some of the works« made by Molenaar en van Winden

Katya Bonnenfant
Geboren 1975 in Belfort, lebt in Stuttgart und in den Pyrenäen.

Projekte

2006–2005 »in expectation of...« und »misunderstanding design...« (Stipendium an der Akademie Schloss Solitude), Stuttgart
»the carpet« (Danceperformance und Workshop), Toronto
2004 »Monsieur Mou on ice« (Arbeit an Monsters world pleasure)
Restaurant-Bar-Galerie Sketch (Internetauftritt), London
2003 »Ecole régionale des beaux arts de Valence« (Internetauftritt)
»homme aux yeux bleujaune«, (Videoclips für K.B.s Musikalbum)
2002 »Valentine Day's delivery girl« (Performance), Paris
Projekte und Lehrtätigkeit im Palais des Tokyo, Paris
2001 »Palais de Tokyo« (Internetauftritt), Paris
2000 »Gold« (Soundtrack) von D. Gonzales-Foerster und A. Leccia
1999 »Wedding dress« (Installation), Galerie Saint Eustache, Paris
»Piège de Meduse« (Kostüm/Ausstattung), Paris

Regula Dettwiler
Geboren 1966 in Oberkulm, Schweiz, lebt in Wien.

Einzelausstellungen

2005 »Everlasting Spring«, Kultur Forum, Tokyo
2004 »Like a collection of butterflies«, Galerie Monika Reitz, Frankfurt am Main
»Idylle«, Galerie Margit Haldemann (mit Uwe Wittwer), Bern
2003 »Orchideenjagd«, Salzburger Kunstverein, Salzburg
»Plus city«, Galerie Monika Reitz, Frankfurt am Main
2002 »Histoire naturelle du monde artificiel«, Galerie SKOL, Montréal
2000 »Rosen, Tulpen...«, Galerie Monika Reitz, Frankfurt am Main
1999 »Florilegium«, Studio Neue Galerie, Graz

Gruppenausstellungen

2007 »Gartenarchivierung«, Atelier Augarten, Wien
2006 »Gardens«, Toyota Municipal Museum of Art, Toyota
»Treibhaus«, Alexander Clavel Stiftung, Basel
2005 »Pink«, Tokyo National University of Fine Arts and Music, Tokyo
»collectionwise«, Galerie 5020, Salzburg
»Wisdom of Nature«, Nagoya City Art Museum, Nagoya
2003 »Der Mondopunkt«, Künstlerhaus Bethanien, Berlin
2002 »Künstlich natürlich!«, Städtische Galerie, Baden
2001 »Virtual Stories«, Kunstpanorama, Luzern
2000 »Regionale«, Kunsthalle Basel
»Zukünftige Lebensformen«, Städtische Galerie, Delmenhorst
1999 »Salon 99«, Kunsthaus, Aarau
»I never promised you a rosegarden«, Kunsthalle, Bern
1998 »Es grünt so grün«, Bonner Kunstverein, Bonn

Nathalia Edenmont
Geboren 1970 in Yalta, Ukraine, lebt in Schweden.

Einzelausstellungen

2007 Galerie Guy Pieters, Knokke, Belgium
Galerie Samuelis Baumgarte, Bielefeld,
Kristinehamn Konstmuseum, Schweden
2006 Galerie Hafenricher & Flügel, Nürnberg
»Immortal«, Wetterling Gallery, Stockholm
Galleri Forsblom, Helsingfors, Finnland
»Nathalia Edenmont«, Blasthaus, BOKA, San Francisco
2005 »We're blond, we're blind«, B&D Studio Contemporanea, Mailand
2005 »Still About Life«, Wetterling Gallery, Stockholm
2005 »Nord Kultur«, Backfabrik, Berlin
2004 Aidan Gallery, Moskau

Gruppenausstellungen

2006 »Animalworld«, Borås Konstmuseum, Schweden
Biennale International de l'image, Nancy
Lukas Feichtner Galerie, Wien
2005 »About Beauty«, House of World Cultures, Berlin
2004 Wetterling Gallery, Stockholm
2003 »I Am A Curator«, Chisenhale Gallery, London
2003 »Wanted Dead or Alive«, Winslow Garage, Los Angeles
2003 Western Project, Los Angeles
2003 »Money Changes Everything«, Whitney Independent Study Studio Program, New York

Joachim Fleischer
Geboren 1960 in Höll/Alttann, lebt in Stuttgart.

Einzelausstellungen

2007 »liquid light«, Galerie der Stadt, Backnang
2007 »liquid light«, Hospitalhof, Stuttgart
2006 »o swietle«, BWA Galeria, Bydgoszcz, Polen
2005 »licht_bewegt«, Kunsthalle Mannheim

Gruppenausstellungen

2007 »Summershow«, Galerie von Bartha, Basel

2006 »light and shadow«, Galerie von Bartha, Basel
»black and white«, HAU Hellenic American Union Gallery, Athen
2005/2006 »Lichtkunst aus Kunstlicht«, ZKM, Karlsruhe
2005 »The Fascination with the Mechanical«, Galerie von Bartha, Basel
»Bewegliche Teile«, Tinguely Museum, Basel
2004 »Bewegliche Teile«, Kunsthaus, Graz
»What you see is what you get«, Kunst im Schloss, Untergröningen
2002 »Visions-Image and Perception«, Kunsthalle Budapest und C3-Kooperation
»Joystickduett und Katharsismaschinen«, Städtische Galerie, Bietigheim-Bissingen

Katie Holten
Geboren 1975 in Dublin, lebt in New York.

Einzelausstellungen
2007 »Paths of Desire«, Contemporary Art Museum, St. Louis, USA
Wilhelm Schürmann Kollektion, Berlin
»The Best's To Come«, Galerie Van Horn, Düsseldorf
2006 »GRAN BAZAAR Uruguay #40«, Centro Histórico, Mexiko
»700% PLUS KBH«, Kunsthalle Kopenhagen
2005 »One Fine Day«, VAN HORN, Düsseldorf
»A New Universe«, LMAKprojects, Brooklyn
2003 Biennale, Irischer Pavilion, Venedig
»Drawings«, Irish Museum of Modern Art, Dublin
Gruppenausstellungen
2007 »Drawings«, Fondation d'Enterprise Ricard, Paris
»Let's Remake The World«, Mess Hall, Chicago/Copenhagen
»the space between«, Galerie Alexandra Saheb, Berlin
»Soft Sites«, Institute of Contemporary Arts, Philadelphia
»Eigenheim«, Göttingen Kunstverein, Göttingen
2005 »Editionen«, Wiener Secession, Wien
»Remote«, LOT, Bristol
»Red White Blue«, Spencer Brownstone Gallery, New York
2004 Junge Akademie Akademie der Künste, Berlin
»URGENT«, Scott Pfaffman Gallery, New York
2003 Prague Biennale National Gallery, Prag
»Necessary Journeys«, Temple Bar Gallery, Dublin
2002 »Archipelago«, Museum of Contemporary Art, Denver
2001 »Perspective 2001«, Ormeau Baths Gallery, Belfast
2000 »Drawing Show«, Galerie Paul Andriesse, Amsterdam

Stefan Kunze
Geboren 1958 in Pforzheim, lebt in Karlsruhe.

Einzelausstellungen
2007 Kunstverein Schwetzingen
2006 Galerie Südstadtsüd, Karlsruhe
2003 Kunstverein Rastatt
2000 Orgelfabrik Durlach
1997 Maison de Heidelberg, Montpellier
Gruppenausstellungen
2005 Art, Frankfurt am Main
2004 »Neue Positionen der Landschaftsmalerei«, Museum Ettlingen
Art Fair, Köln
2001 Kunstverein, Rastatt
Kunstverein, Leimen
Wilhelmshöhe, Ettlingen
2000 Kunsthalle Baden-Baden
1998 Petit-Temple, Nîmes
»Michelangolo goes shopping«, Kunstverein Rastatt

Eva-Christina Meier
Geboren 1967 in Koblenz, lebt in Berlin.

Einzelausstellungen/Projekte
2006 »Ausstellung der Berliner Senatsstipendiaten 2005/06«, Berlinische Galerie
»Chile Internacional«, Galería Metropolitana, Santiago de Chile
2005 »Chile International – Kunst, Existenz, Multitude« deutsch/spanisch, Andreas Fanizadeh und Eva-Christina Meier (Hg.), 2005
2003 »Das Haus von Señor Curutchet«, Galerie Meerrettich, Berlin
Gruppenausstellung
2004 »Das Kunstwerk und sein Ort«, Amden, Schweiz
»Telepathy Curating«, Galerie Meerrettich/Pavillon der Volksbühne, Berlin
2003 »Alltag und Vergessen - Argentinien 1976/2003«, NGBK, Berlin, Shedhalle, Zürich
2002 »Fremde Heimat«, Dominikanerkloster, Frankfurt am Main
2001 »Digitale Bildwelten«, Kunstverein, Recklinghausen
2000 »Produktivität und Existenz«, Kunstraum, Kreuzberg/Bethanien

Peter Rösel
Geboren 1966 in Rockenhausen, lebt in Berlin.

Einzelausstellungen

2007 »Tsnomu se ut«, Museum Pfalzgalerie, Kaiserslautern
Stadtmuseum Groß Gerau
2006 »Winterschlaf«, Galerie Martina Detterer, Frankfurt am Main
2005 »Im Schatten des Kieselsteins«, Kunstverein Kreis Ludwigsburg
Kunstverein Speyer
Galerie Martina Detterer, Frankfurt am Main
2004 Stay on the road«, Dörrie*Priess, Hamburg
»Fence friends«, Wohnmaschine, Berlin
National Art Gallery Namibia, Windhoek, Namibia
»Tom Sawyer, der Teufel und seine Großmutter«, Sprengel Museum Hannover
2002 »Einige Augenblicke...«, Wohnmaschine, Berlin
Dörrie*Priess, Hamburg
Martina Detterer, Frankfurt am Main
2001 »The fata morgana painting project«, Attitudes Espace d'arts contemporains, Genf, und Galerie Art Attitude Hervé Bize, Nancy

Gruppenausstellungen

2007 »All about laughter: Humor in contemporary art«, Mori Art Museum, Tokyo
2006 »(DE)ZENTRAL«, Neuer Kunstverein Giessen
»Homework«, Gagosian Gallery, Berlin
2005 »Blumenstück Künstlers Glück – vom Paradiesgärtlein zur Prilblume«, Museum Morsbroich, Leverkusen
2004 »Die Falle Wirklichkeit«, Malkasten, Düsseldorf
»Lies, Lust, Art & Fashion«, Podewil, Berlin
2003 »Du und dein Garten«, Kunsthaus, Erfurt
2002 »Come in«, Center for Contemporary Arts, Kiew
»Material matters«, Konstmuseum Norrköping, Schweden
2001 »come-in, Interieur als Medium der zeitgenössischen Kunst in Deutschland«, Institut für Auslandsbeziehungen, Stuttgart
»Frankfurter Kreuz«, Schirn Kunsthalle, Frankfurt am Main
2000 »Szenenwechsel XVIII«, Museum für Moderne Kunst, Frankfurt am Main
»Hand Arbeit«, Haus der Kunst, München

Stefan Sehler
Geboren 1958 in Nürnberg, lebt in Berlin.

Einzelausstellungen

2007 Parker's Box, Brooklyn
Galerie Kuttner Siebert, Berlin
2006 Galerie Michael Cosar, Düsseldorf
Galerie Baumet Sultana, Paris
2005 Galerie Kuttner Siebert, Berlin
Parker's Box, Brooklyn
2004 »Pacific Pearl 2«, The Cross Art Project (mit Maria Cruz), Parallel Program Biennale of Sydney
2003 Triangle Residency Program's Open Studio, New York
Galerie Kuttner Siebert, Berlin
2002 Galerie Michael Cosar, Düsseldorf
Galerie Eugen Lendl, Graz
2001 »Suite«,Künstlerverein Malkasten, Düsseldorf
»Novalis XJS«, Parker's Box, Brooklyn

Gruppenausstellungen

2007 »Idylle – Traum und Trugschluss«, Salamanca
2006 »Idylle – Traum und Trugschluss«, Phoenix Kulturstiftung, Sammlung Falckenberg, Hamburg
»Tennewpaintings«, Parker's Box, Brooklyn
2005 »What doesn't fit ...?«, The Nunnery Gallery, London
»strip – images in line«, Kunstverein Hannover, Projektraum / Deutscher Künstlerbund, Berlin
2004 »Groupshow«, Galerie Michael Cosar, Düsseldorf
»The morning after the night before«, Parker's Box, Brooklyn
2003 Triangle Residency Program's Open Studio, New York
»Distant Shores«, Parker's Box, Brooklyn
2002 »One Fine Day«, 34K, Berlin
»Free Space«, Provincial Centrum voor Beeldende Kunst, Hasselt, Belgien
2001 »Entweder? Oder! Grenzbereiche der Authentizität in Malerei und Fotografie«, Kunstallianz 1, Berlin
2000 Gebaute Horizonte, Neue Galerie Dachau, Schloss Ringenberg, Schloss Agathenburg
»Modular Loops«, Parker's Box, Brooklyn

Luzia Simons
Geboren 1953 in Quixadá, Ceará, Brasilien, lebt in Stuttgart und Berlin.

Einzelausstellungen

2006 Künstlerhaus Bethanien, Berlin
Galerie Vero Wollmann, Stuttgart
2005 Kunstverein Konstanz,
Städtische Galerie, Ostfildern
Institut Français d'Istanbul, Sonderprogramm der 9. Instanbul Biennale, Türkei
2002 Württembergischer Kunstverein, Stuttgart
2001 Museu de Arte Sacra de Belém, Brasilien,
Centro de Arte Contemporáneo Wifredo Lam, Kuba,

Gruppenausstellungen

2007 Kunsthalle, Emden
2006 Museu de Arte Moderna, Coleção Joaquim Paiva, Rio de Janeiro
»L'Été Photographique«, Lectoure, Frankreich

2005 »UECLAA«, Colchester, Essex, Artothèque, Cannes
2004 6. Internationale Foto-Triennale (Rahmenprogramm), Esslingen
Galerie da Caixa Econômica, Brasília
2003 Casa França-Brasil, Coleção Pirelli / MASP, Rio de Janeiro, Museu de Arte de São Paulo, 12 Pirelli / Masp, Brasilien
Foto Festival Internazionale di Roma, Italien
Foto Arte Brasília, Brasilien
2002 Fotografie Forum International, Frankfurt am Main
2001 Casa de las Américas, Havanna, Premio de Fotografía Contemporánea, Kuba
2000 Haus der Kulturen der Welt, Berlin

Alain Sonneville & Pierre-Claude De Castro

Gemeinsame Projekte und Ausstellungen

2007 »Anhänge«, Musée Flaubert et d'histoire de la Médecine und Musée des Beaux-Arts de Rouen
»Das Elektrokardiogramm des Krankenhauses von Yvetot« (Umfangreiches Interpassives Nichtstun)
»Kunst bringt einen ins Krankenhaus«, Galerie Duchamp, Yvetot
2005 Neuartiges und exemplarisches Kunstprojekt (Eco Trophée-Wettbewerb des Parc naturel des boucles de la Seine)
2004 »Doppeleindrücke aus Afrika / Europäische Fortsetzung«, Centre culturel André Malraux, Rouen
2001 / 2002 »Doppeleindrücke aus Afrika«, Villa Médicis – Hors les Murs / Centre culturel français, Douala
2000 »Verschiedene Werke«, Galerie Michel Ray, Paris
1999 »Unsere Betten«, Musée Zadkine, Paris
1998 »Das Elektrokardiogramm der Kunstschule« (Interpassives Nichtstun), École d'art du Havre
»Das Elektrokardiogramm der avenue René Coty« (Interpassives Nichtstun), Buchhandlung Florence Loewy, Paris
1997 »In den römischen Bädern« (Interpassives Nichtstun), Straßburg
»Alain Castro & Pierre-Claude De Sonneville« (Interpassives Nichtstun), Galerie Michel Ray, Paris

Keiko Takahashi / Shinji Sasada

Geboren 1969 in Kanagawa, lebt in Tokio / Geboren 1979 in Ehime, lebt in Tokio.

Projekte

2005 »ACM Multimedia«, Singapur
»11th International Media Art Biennale«, Wroclaw, Polen
»Laval Virtual«, Frankreich
2004 »ICAT«, Seoul, Korea
2003 »eAT KANAZWAWA«, Japan
2002 Forum Stadtpark, Graz,
»Global Media«, Metrapolitan Museum of Photographie, Tokyo
»Vision – image and perception«, Herbstfestival, Budapest
2001 »The 10th Virtual Reality Society of Japan«, Nagasaki

Christine Ulm

Geboren 1957 in Mürzzuschlag, Österreich, lebt in Wien und Barcelona.

Einzelausstellungen

2006 »Traumstation«, Installation zu Sigmund Freud in der Fremdsprachenbibliothek, Budapest
2005 Stipendium der Fundación Noesis, Spanien
2004 »Die Vielfalt der Monotonie«, Augarten, Wien
2000 »Naturell«, Kunsthaus, Mürzzuschlag

Gruppenausstellungen

2004 »Divers – Egal«, Bronzen, Universität für Angewandte Kunst, Wien
2003 »Recol.leccions«, Sala H, Vic, Spanien
2002 »Disjuntives«, Sala Can Felipa, Barcelona
2000 »Lebenszeichen«, Kunstfabrik am Flutgraben, Berlin
1997 »Zum Fressen gern«, Kulturschmiede, Wien
1996 »Acción y Comida«, Circulo de Bellas Artes, Madrid

Nathalie Wolff und Matthias Bumiller

1999 Gründung der édition totale éclipse (Paris / Stuttgart), in der seither jedes Jahr ein Buch erscheint.

Gemeinsame Ausstellungen und Projekte

2007 »Reise durch Transsylvanien«
2006 »Die Beerchen! Die Beerchen!«
2005 »Bauchfrei«
2004 »Que sont les statues devenues?«
2003 »Luftmusik – Über die Äolsharfe« (Koproduktion mit der Edition Solitude)
2002 »Blumenkatalog / Catalogue de Fleurs«
2001 »Repos après la Fessée«
2000 »Die Ferien …«

Autoren / *Authors*

Matthias Bumiller
richtet sein Interesse auf Kurioses, Seltsames und Amüsantes in der Natur und im Alltag. Von ihm erschien zuletzt »Thorbeckes magischer Kräutergarten. Wundersame Wirkungen alter Kräuter«. Innerhalb der édition totale éclipse veröffentlichte er zusammen mit Nathalie Wolff »Blumenkatalog«, ein Buch über die Formen von Blumenzwiebeln, -knollen und -samen. Außerdem «Luftmusik – Über die Äolsharfe» (gemeinsam mit der Edition Solitude) sowie »Reise durch Transsylvanien«.

Harald Haury
Geboren 1969 in Villingen im Schwarzwald. Studium der Neueren und Neuesten Geschichte, katholischen Theologie, Philosophie, Religionsgeschichte und Politikwissenschaft in Gießen und Freiburg im Breisgau, Magister Artium und Promotion. Tätigkeiten an der Universität sowie im Presse- und Museumsbereich. Veröffentlichungen zur Religionsgeschichte des 19. und frühen 20. Jahrhunderts. Seit 2006 wissenschaftlicher Angestellter am Evangelisch-Theologischen Seminar der Universität München.

Elisabeth Heine
Geboren in Ravensburg, lebt in Stuttgart und am Bodensee. Studium des Schmuck- und Gerätdesigns an der Fachhochschule Pforzheim sowie Studium der Bildhauerei an der Hochschule für Angewandte Kunst in Wien. Stipendium der Akademie Schloss Solitude, Stuttgart, DAAD-Stipendium in Wien und Künstleraustauschstipendium in Valence (Frankreich). Lehraufträge an den Fachhochschulen Pforzheim (Gerätdesign) und Köln (Design). Zahlreiche Ausstellungen in den Bereichen Design und Kunst sowie Beteiligungen an interdisziplinären Projekten mit Auszeichnungen. Kuratorin für die zeitgenössische Kunst in der Ausstellung »Kunst treibt Blüten«.

Cornelie Holzach
Geboren 1959. Seit 2005 Leiterin des Schmuckmuseums Pforzheim, seit 1997 Mitarbeiterin des Hauses.

Jean-Baptiste Joly
Geboren 1951 in Paris, Studium der Germanistik in Paris und Berlin. Seit 1989 Direktor der Akademie Schloss Solitude in Stuttgart. Honorarprofessor an der Kunsthochschule Weißensee, Hochschule für Gestaltung, Berlin.

Beate Rygiert
Geboren 1960 in Tübingen. Studium der Italianistik, Theater- und Musikwissenschaft an der Ludwig-Maximilians-Universität in München, Magister Artium. 1987–1991 Musikdramaturgin am Stadttheater Pforzheim. Seitdem freie Schriftstellerin und Malerin in Stuttgart. Romanveröffentlichungen »Bronjas Erbe« (2000), »Die Fälscherin« (2001) und »Der Nomade« (2004) im Claassen Verlag. Zahlreiche Erzählungen und Essays in Anthologien und Literarischen Zeitschriften. 1999 Stipendium der Kunststiftung Baden-Württemberg. 2002 Würth-Literaturpreis. Aufenthaltsstipendien in den USA, Italien, Schottland und in der Schweiz.

Tilmann Schempp
Geboren 1958 in Reutlingen. Studium der Deutschen Literatur und der Geschichte in Hamburg und Tübingen, Magister Artium. Langjährige Tätigkeit in verschiedenen kommunalen Archiven. Selbstständig in den Bereichen Text und Recherche. Veröffentlichung »Tee – Geschichte, Kultur Genuss« (Ostfildern 2006).

Bettina Schönfelder
Geboren 1961, Kunst- und Designwissenschaftlerin. Seit November 2006 Geschäftsführerin des Kunstvereins Pforzheim. Studium der Kunstwissenschaft und Medientheorie an der Hochschule für Gestaltung Karlsruhe, zuvor Ausbildung zur Goldschmiedin sowie Designstudium in Pforzheim und Amsterdam. 1991 bis 1995 wissenschaftliche Mitarbeiterin an der Hochschule für Gestaltung FH Pforzheim. Seit 1998 Tätigkeit als Museumspädagogin, Publizistin und Kuratorin u.a. für: ZKM | Zentrum für Kunst und Medientechnologie, Museum Frieder Burda, Alfried Krupp von Bohlen und Halbach-Stiftung, DaimlerChrysler AG, Kulturamt der Stadt Karlsruhe, zuletzt Ausstellung »cuba_exChange« im Badischen Kunstverein. Vorträge und Veröffentlichungen zu Medienanthropologie und zeitgenössischer Kunst.

© 2007 ARNOLDSCHE Art Publishers, Stuttgart; Schmuckmuseum Pforzheim und die Autoren / and the Authors

Dieses Werk ist urheberrechtlich geschützt. Die dadurch begründeten Rechte, insbesondere die der Übersetzung, des Nachdrucks, des Vortrags, der Entnahme von Abbildungen und Grafiken, der Funksendung, der Mikroverfilmung oder der Vervielfältigung auf anderen Wegen und der Speicherung in Datenverarbeitungsanlagen bleiben, auch bei nur auszugsweiser Verwertung, vorbehalten. Eine Vervielfältigung dieses Werkes oder von Teilen dieses Werkes ist auch im Einzelfall nur in den Grenzen der gesetzlichen Bestimmungen des Urheberrechts-Gesetzes in der jeweils geltenden Fassung zulässig und nur mit schriftlicher Genehmigung der ARNOLDSCHEN Verlagsanstalt GmbH, Liststraße 9, 70180 Stuttgart. Sie ist grundsätzlich vergütungspflichtig. Zuwiderhandlungen unterliegen den Strafbestimmungen des Urheberrechts.

This work is protected by copyright. All rights based on copyright are hereby reserved, particularly that of translation, reprinting, presentation, use of its illustrations and graphics or broadcasting, microfilming or reproduction in any other ways and storage in data processing systems, including where only extracts are used commercially. Any reproduction of this work or parts thereof, including in a single instance, is only allowed within the limits of the Copyright Act's currently applicable statutory provisions and then only with written consent by ARNOLDSCHE Verlagsanstalt GmbH, Liststrasse 9, D-70180 Stuttgart, Germany. Consent is in principle subject to a fee. Contraventions are subject to the penalties stipulated by copyright law.

www.arnoldsche.com

Herausgeberin / *Editor*
Cornelie Holzach

Autoren / *Authors*
Matthias Bumiller, Harald Haury, Elisabeth Heine, Cornelie Holzach, Jean-Baptiste Joly, Beate Rygiert, Tilmann Schempp, Bettina Schönfelder

Englische Übersetzung / *Translation into English*
Joan Clough, Penzance

Lektorat / *Editorial work*
Stürzl Kunstkommunikation, Winfried Stürzl

Korrektorat / *Copy editing*
Isabel Schmidt-Mappes, Schmuckmuseum Pforzheim

Text-Koordination / *Text co-ordination*
Tilmann Schempp, Reutlingen

Grafik / *Design*
L2M3 Kommunikationsdesign, Stuttgart
Ina Bauer, Sascha Lobe

Offset-Reproduktionen / *Offset Reproductions*
die repro, Ludwigsburg

Druck / *Printing*
Raff GmbH, Riederich

Dieses Buch wurde gedruckt auf einhundert Prozent chlorfrei gebleichtem Papier; es entspricht damit dem TCF-Standard.

This book has been printed on paper that is 100% free of chlorine bleach in conformity with TCF standards.

Bibliographische Information Der Deutschen Bibliothek
Die Deutsche Bibliothek verzeichnet diese Publikation in der Deutschen Nationalbibliographie; detaillierte bibliografische Daten sind im Internet unter http://dnb.ddb.de abrufbar.

Bibliographical information: Die Deutsche Bibliothek
Die Deutsche Bibliothek lists this publication in the Deutsche Nationalbibliografie; detailed bibliographical data are available on the Internet at http://dnb.ddb.de.

ISBN 978-3-89790-277-0

Made in Germany, 2007

Die vorliegende Publikation erscheint anlässlich der Ausstellung
Kunst treibt Blüten – Florale Motive in Schmuck und zeitgenössischer Kunst

The present publication is published on the occasion of the exhibition
Art is Flowering – Floral Motifs in Jewellery and Contemporary Art

Schmuckmuseum Pforzheim im Reuchlinhaus
17.6.–23.9.2007
www.schmuckmuseum.de

Dank / *Acknowledgements*
Wir danken der Sparkasse Pforzheim Calw, der Werner Wild Stiftung und dem Museumsförderverein ISSP für die freundliche Unterstützung.

We are indebted to Sparkasse Pforzheim Calw, the Werner Wild Stiftung and Museumsförderverein ISSP for their generous support.

Ausstellung / *Exhibition*

Kuratoren / *Curators*
Elisabeth Heine (Zeitgenössiche Kunst / *Contemporary Art*)
Cornelie Holzach (Schmuck / *Jewellery*)
Tilmann Schempp (Publikation / *Publication*; Begleitprogramm / *Events Programme*)

Das künstlerische Rahmenprogramm findet in Kooperation mit dem Kunstverein Pforzheim statt.

The accompanying art events programme is hosted jointly with Kunstverein Pforzheim.

Leihgeber / *Lenders*
Badisches Landesmuseum, Karlsruhe
Bayerisches Nationalmuseum, München
Calouste Gulbenkian Museum, Lissabon
Collection FRAC Alsace
Diamantenmuseum, Antwerpen
Faerber Collection, Genf
Galerie ra, Amsterdam
Galerie Louise Smit, Amsterdam
Galerie Slavik, Wien
Galerie Spektrum, München
Galerie Vero Wollmann, Stuttgart
Galerie Wetterling, Stockholm
Hessisches Landesmuseum, Darmstadt
Kuttner Siebert Galerie, Berlin
Landesmuseum Württemberg, Stuttgart
MAK – Österreichisches Museum für angewandte Kunst / Gegenwartskunst, Wien
Museum für angewandte Kunst, Frankfurt
Museum für Kunst und Gewerbe, Hamburg
Privatsammlung, Belgien
Pinakothek der Moderne, München
Sammlung J. Zeberg, Antwerpen
Sammlung Paul Derrez und Willem Hookstede
Van Horn, Düsseldorf

Bildnachweis / *Photo Credits*
©2007 Andy Warhol Foundation for the Visual Arts / Artists Rights Society (ARS), New York: S. 55 (Abb. 5)
Archiv Arnoldsche Art Publishers, Stuttgart: S. 54, 58 (Abb. 12), 60, 61–63
Archiv Bumiller, Stuttgart: S. 121–129
Badisches Landesmuseum Karlsruhe / Thomas Goldschmidt: S. 31 (Nr. 22)
Bayerisches Nationalmuseum, München / Walter Haberland: S. 29 (Nr. 17)
Gijs Bakker, S. 37 (Nr. 29)
Bei Ning: S. 108
Katya Bonnenfant: S. 106, 107
bpk / Lutz Braun: S. 56 (Abb. 7)
bpk / Hamburger Kunsthalle/Elke Walford: S. 53 (Abb. 4), 57
bpk / kupferstichkabinett, SMB/Jörg P. Anders: S. 56 (Abb. 8)
bpk / RMN/Gérard Le Gall: S. 58 (Abb. 11)
Iris Bodemer: S. 38 (Nr. 31)
Calouste Gulbenkian Museum, Lissabon: S. 28
Collecrtion Frac Alsace, Galérie Art Attitude, Nancy. S. 103
Der Blumenladen / Karin Engel: S. 140, 141
Regula Dettwiler: S. 94, 95
Diamantenmuseum Antwerpen: S. 35 (Nr. 27)
Nathalia Edenmont, Courtesy Wetterling Gallery, Stockholm: Seite 87–89
Édition totale éclipse, Stuttgart / Paris: S. 68
Ute Eitzenhöfer: S. 40 (Nr. 34)
Faerber Collection, Genf: S. 24, 35 (Nr. 28)
Joachim Fleischer: S. 84, 85
Rüdiger Flöter, Pforzheim: S. 17, 21 (Nr. 7), 22, 34, 38 (Nr. 30), 41 (Nr. 37), 47
Galerie ra, Amsterdam: S. 43 (Nr. 40)
Galerie Spektrum, München / Jürgen Eickhoff: S. 39 (Nr. 32), 44 (Nr. 43)
Eddo Hartmann: S. 44 (Nr. 42)
Anna Heindl: S. 40 (Nr. 35)
Elisabeth Heine: S. 113, 114, 115, 117 (rechts unten)
Hessisches Landesmuseum, Darmstadt / Wolfgang Fuhrmannek: S. 29 (Nr. 18)
Hochschule Pforzheim: S. 116, 117
Peter Hutchison, Courtesy Galerie Bugdahn und Kaimer, Düsseldorf: S. 65
Petra Jaschke: S. 42
Iska Jehl, Courtesy Galerie Adler, Frankfurt am Main: S. 51
Winfried Krüger: S. 41 (Nr. 36)
Stefan Kunze: S. 96, 97
Kuttner Siebert Galerie, Berlin: S. 98, 99
Landesmuseum Württemberg, Stuttgart / Peter Frankenstein, Hendrik Zwietasch: S. 30 (Nr. 20)
© MAK / Georg Mayer: S. 20, 30 (Nr. 19), 32 (Nr. 23), 33 (Nr. 24)
Eva-Christina Meier: S. 100, 101
Nanna Melland: S. 43 (Nr. 39)
Günther Meyer: S. 18, 19, S. 21 (Nr. 6, 8), 23 (Nr. 11)

Museum für Kunst und Gewerbe, Hamburg / Maria Thrun: S. 25, 31 (Abb. 21)
Iris Nieuwenburg: S. 44 (Nr. 41)
Pinakothek der Moderne, München / Haydar Koyupinar: S. 104, 105
Pixelio.de: S. 134
Annelies Planteijdt: S. 45
Sammlung J. Zeberg, Antwerpen: S. 23 (Nr. 10)
Uwe H. Seyl, Stuttgart, Courtesy Sammlung Fröhlich, Stuttgart: S. 50
Luzia Simons, Courtesy Galerie Vero Wollmann, Stuttgart: S. 81–83
Alain Sonneville & Pierre-Claude De Castro: S. 111
Bettina Speckner: S. 46
Städel Museum / Artothek München: S. 53 (Abb. 3)
Stadtarchiv Pforzheim: S. 26, 27
Stadtarchiv Reutlingen, Fotosammlung: S. 133
Keiko Takahashi / Shinji Sasada: S. 109
W. Thaler, Courtesy Regula Dettwiler: S. 92, 93
Christine Ulm: S. 102
Van Horn, Düsseldorf: S. 90, 91
Kunstmuseum Winterthur: S. 59
Francis Willemsteijn: S. 39 (Nr. 33)

© VG-Bild-Kunst Bonn, 2007
Gijs Bakker (S. 37), Max Ernst (S. 53), René Lalique (S. 28, 29, 30 u. Postkarte), Iska Jehl (S. 51), Georgia O'Keeffe (S. 63), Eva-Christina Meier (S. 100, 101), Nanna Melland (S. 43), Lázsló Mohly-Nagy (S. 55), Annelies Planteijdt (S. 45), Albert Renger-Patzsch (S. 62), Marianne Schliwinski (S. 44)

Cover-Motiv / *Cover motif*
Katya Bonnenfant

Textnachweis / *Rights to the texts*
Wiedergabe der folgenden Texte mit freundlicher Genehmigung der jeweiligen Verlage:

The following texts have been reproduced here by express permission of the publishers concerned:

- Matthias Bumiller, Alraune, Boramez. Aus: ders., Thorbeckes magischer Kräutergarten: Wunderssame Wirkungen alter Kräuter, Thorbecke, Ostfildern 2007
- Hilde Domin, Schöner. Aus: dies., Gesammelte Gedichte ©S. Fischer Verlag GmbH, Frankfurt am Main 1987
- Omar Chajjam, Gedicht aus: Wie Wasser im Strom, wie Wüstenwind. Gedichte eines Mystikers, Edition Orient, Meerbusch 1992.
- Sarah Kirsch, Bei den weißen Stiefmütterchen. Aus: dies., Landaufenthalt, Edition Langewiesche-Brandt, Ebenhausen 1984, bzw. dies., Sämtliche Gedichte, ©DVA, München 2005

Die Erzählung und der Essay von Beate Rygiert sind speziell für das Buch »Kunst treibt Blüten« entstandene Originalbeiträge.

The tale and essay by Beate Rygiert were written specially for the book Kunst treibt Blüten.

Postkarten / *Postcards*
Dem Buch lose beigelegt sind drei Postkarten / *Three postcards are enclosed in the book*

René Lalique,
Brosche »Chrysanthemen« / *Brooch ›Chrysanthemums‹*,
Paris, vor / *before* 1903
Gold, Diamanten, Auquamarine, Glas, Email /
Gold diamonds, aquamarines, glass, enamel
Schmuckmuseum Pforzheim

Nathalia Edenmont, »Josefina«, Edition 2004
C-Print auf Perspex, Größe variabel /
Colour print on Perspex; size varies
Courtesy Wetterling Gallery Stockholm, Nathalia Edenmont

Boramez / *Vegetable Lamb*
Aus / *From:* Matthäus Merian: Historia naturalis de arboribus et plantis, Heilbronn 1769

Für die Abdruckgenehmigung wurden die jeweiligen Rechteinhaber kontaktiert; einige konnten bisher nicht ermittelt werden. Das Schmuckmuseum Pforzheim und der Verlag bitten in solchen Fällen um Kontaktaufnahme.

As far as possible each copyright holder has been notified. However, since we have not been able to contact all copyright holders, we therefore request any and all concerned to contact the Schmuckmuseum Pforzheim or the publisher in this matter.